Hédiard精緻美食王國…食藝術秀．法國香檳區的浪漫饗宴—Café du Palais．擋不住的誘惑！大啖勃艮地蝸牛好滋味．來到法國非嚐不可的可麗餅．在Pub中感受道地英國生活．展現優雅氣質的英國下午茶．世界級啤酒之都—慕尼黑．最典型佛羅倫斯小吃牛肚三明治．新鮮甜美的托斯卡尼鄉村蔬食．義大利帝王等級的葡萄酒醋．最富拿波里熱鬧氣氛的披薩餐廳．人稱第一名的佛羅倫斯牛排Parione Trattoria．Antipasti讓味蕾甦醒的佐酒良伴．永遠不會喝膩的比利時啤酒．其貌不揚的西班牙平民美味—墨魚海鮮飯．Gelato! Gelato!義大利人的最愛．香濃甜蜜的比利時巧克力．芝加哥厚片披薩．舊金山酸麵糰麵包．在舊金山狂風暴雨下的用餐體驗．來一份紐約客最愛的熱狗．在紐約落地生根的披薩．「費城起司牛排」非牛排！．北京烤鴨．西安色香味俱全的餃子饗宴．中國西北地區的羊肉泡膜．陽澄湖湖心品嚐現撈大閘蟹．蒙古草原—石頭燜烤全羊．烏茲別克抓飯 一把抓進口的美味．北印度令人吮指回味的坦多烤雞．將原汁原味密封起來的土耳其陶甕羊肉湯．花樣多多的韓國拌飯．香氣撲鼻的韓國烤肉．營養滿點的日本鰻魚飯．風味多樣的日本隨你所好燒．自己動手做章魚燒．大口吸才過癮的日本拉麵

旅行世界 非嚐不可的道地美食！

太雅生活館

編輯序

味蕾上的甜蜜回憶
是一趟完美旅行中不可缺少的要件之一

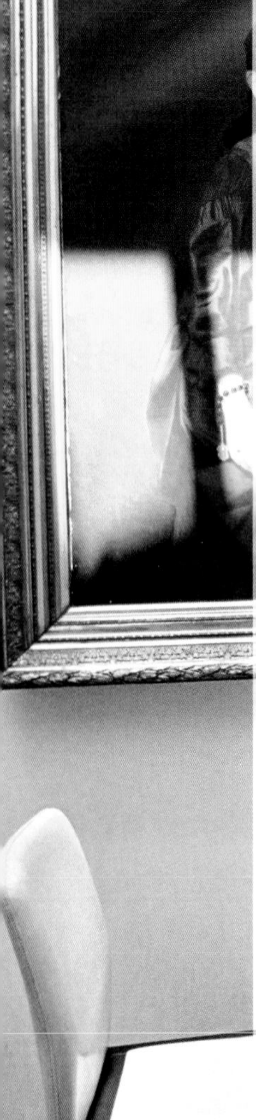

旅行，是一件很容易讓人上癮的事，而之所以讓人容易上癮，除了可以欣賞、體驗與平日生活中不同的景致與人文風情之外，味蕾上的體驗與感受也是一項重要的因素。美麗的大自然風光或是城市中的建築風格是旅途中美好的視覺記憶；親切可愛的人群互動增添了令人愉快的感覺記憶，而一次異國料理的品嚐體驗，則是最令人難忘的味覺記憶，當這三項因素都具備了，旅行，想讓人不上癮都很難！

在旅行的途中，「吃吃喝喝」是不可少的活動，不僅僅是單純的為了滿足生理需求，更多的時候，其實是為了滿足心理上的渴望，尤其是那種既然都已經來到這裡了，當然要好好品嚐一下所有看起來很棒的食物的心理。所以，尋找哪裡有好吃的餐廳、道地的小吃、受歡迎的料理，成為許多人旅行途中必備的體驗過程。

尋找美食的方法很多，也許是翻著旅遊指南尋找著作者所推薦的餐廳；也許是翻閱當地旅遊局提供的旅遊簡介；更好的方法是詢問住宿旅館的服務人員或是直接問當地人，這些都是尋找該地區道地美食的好方法，當然囉，若是看到這家餐廳或者小吃店外大排長龍，別懷疑，肯定是一家很受歡迎的店，裡面的食物也就差不到哪裡去了。

世界上的美食種類與餐廳何其多，本書特別邀請了多位喜歡旅行、也愛品嚐美食的旅遊作者，分享了他們在旅途中難忘的美食體驗。下次，當你有機會前往這些地方旅行時，不妨跟著他們的腳步去尋找一次味蕾上的難忘回憶，又或者，創造出一次屬於自己的味蕾上甜蜜記憶，讓這一趟旅行更加完美！

太雅旅行作家俱樂部

吳靜雯　經常留連倫敦、巴黎、義大利，介紹歐洲這三地最令她無法忘懷的美食。

曹馥蘭　文字、攝影、美術設計通通可一手包辦的高手，與法國以及當地美食很有緣。

朱予安　熱愛旅行的他有說不完的故事，聽聽他的法國可麗餅美食體驗。

林呈謙　全方位的德國通達人，對德國美食當然也有相當深入的瞭解。

王瑤琴　足跡遍及全世界，每到一處就忍不住品嚐當地特色美食的旅遊作家。

楊鎮榮　資深歐洲專業領隊，喜歡到處發現歐洲美食與蒐集各地的餐廳資料。

林小云　熟悉芝加哥的文字工作者，介紹令她難忘的芝加哥美味厚片披薩。

蔡惠民　住在舊金山的自由文字工作者，喜歡美食與旅行，個人網站www.mindestyle.com。

陳婉娜　居住舊金山多年，帶你品嚐最道地、最特別的舊金山美食。

張懿文　旅居紐約的文字工作者，推薦讀者最道地的紐約滋味與體驗。

陳玉治　行遍全球七大洲的旅行家，喜歡享受美食，也擅長烹調美食，平時喜歡收集各國菜餚的食譜。

蘇皇寧　古人說「人為財死，鳥為食亡。」我恐怕是「不為財死，定為食亡！」因為我太愛吃了。

王光玉・陳國瀚　曾騎馬、牽駱駝橫越蒙古國的夫妻。旅行與探險就是生活。

陳芷萍　喜歡韓國美食與文化的旅行作家，帶領你體驗韓國美食之旅。

張岑如　曾任旅遊雜誌編輯，心血來潮時就會衝動的買張機票飛去日本各地品嚐美食。

目錄

歐洲篇

Contents

美 洲 篇

亞 洲 篇

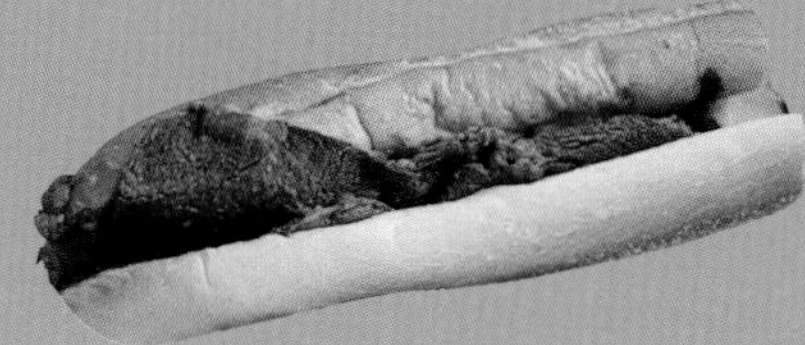

世界飲食的習慣

世界飲食的習慣──法國篇

Breakfast

法國人的早餐時間則大部分介於7～9點之間，和許多國家習慣用早餐的時間差不多。在內容上，法式早餐看起來相當簡單，一塊烤的熱熱的牛角可頌麵包，抹上奶油與果醬，再搭配一杯熱咖啡或熱茶，就算是一頓早餐，而除了茶與咖啡之外，以巧克力聞名的法國，也有人習慣是以一杯香濃的熱巧克力來作為早上提神的熱飲。

因為早餐的內容簡單，不太需要花很多的時間準備，所以大多數的法國人多半是習慣在家裡用完早餐後才紛紛出門上班、上學去。在巴黎或一些城市，一般的咖啡館或餐廳內，也還是有不少店家提供早餐的服務，除了牛角可頌麵包是基本選擇外，也會有為了觀光客準備的美式早餐或英式早餐等多種選擇。

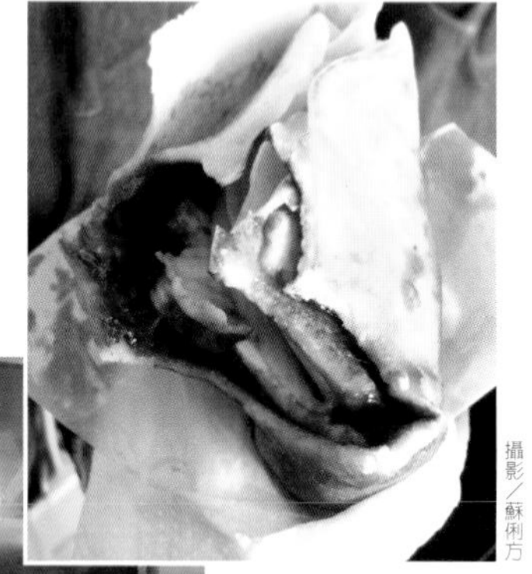
攝影／蘇俐方

France

攝影／吳靜雯

攝影／吳靜雯

攝影／蘇俐方

Lunch

攝影／曹馥蘭

對法國人言，午餐才是一天當中的第一道正餐，因此當然要吃的豐盛些。他們對午餐的重視程度，從上班族通常都會擁有1.5～2個小時的用餐時間中，可看出一些端倪。所謂的豐盛些，當然要從開胃菜開始算起，通常開胃菜以沙拉或濃湯居多，然後才是以肉類或魚類為主角的主菜，更講究一點的還會來份甜點，而最後再以一杯濃純的咖啡作為結束。可別以為這是在外用餐才會有的內容，就算是假日在家裡自行烹調午餐，法國人也還是一點都不馬乎喔！

享用過豐富的午餐之後，不少法國人還習慣在下午大約4點左右來份下午茶，不過比起英式下午茶的繁複，法國人的下午茶就簡單多了，多半是一杯熱咖啡或茶，再配上兩塊餅乾或一片蛋糕就可以了。

Dinner

法國人用晚餐的時間，大約是在晚上7點半以後，下班後，先去運動健身或是好好休息一下之後，才會開始進行晚餐。在法國家庭中，晚餐通常都是在家裡自行烹調，沙拉幾乎是不可缺少的菜色之一，主菜則和午餐一樣以肉類或魚類為主，有時候還會搭配義大利麵或米飯料理等，當然囉！有著濃濃麥香味的法國魔仗麵包，與迷人的法國葡萄酒也是餐桌上的必備品。

晚餐是法國人一家人聚集在一起的最佳時刻，一邊用餐佐葡萄酒；一邊暢談彼此在當天發生或遇到的事情，夜晚的時光很快就在吃吃喝喝、說說笑笑間度過，為美好的一天，畫上一個完美的句點。

攝影／曹馥蘭

世界飲食的習慣—義大利篇

Breakfast

南歐地區國家給人的印象，通常是比較慵懶但也比較熱情，還有，用餐的時間往往比較晚，不過，比起鄰近的西班牙，義大利的用餐時間對台灣人而言還算比較可以接受的了。

義大利的早餐時間其實就不算太晚，大約是8、9點之間，不過義大利人並不太注重早餐的內容，大都是以麵包搭配一杯熱咖啡就算解決了。而早上喝的咖啡，通常是以添加了許多牛奶與綿密奶泡的卡布奇諾為主，通常義大利人只會在早上喝卡布奇諾，因為它喝起來比較有飽足感，所以不適合當成午、晚飯後幫助消化的咖啡。

不過，也有不少義大利人早上還是獨愛濃烈的Espresso，而且若是一天沒喝，就會渾身不對勁。

攝影／楊鎮榮

攝影／吳靜雯

攝影／楊鎮榮

攝影／吳靜雯

攝影／吳靜雯

Lunch

攝影／吳靜雯

攝影／吳靜雯

午餐時間大都午後1點才會開始，當地居民如果工作的地點離家裡不遠，也多半會選擇回家吃飯。無論是在家或餐廳享用午餐，內容通常也是以簡單為主，也許是麵包夾生火腿與起司、或是來份披薩搭配飲料，再不然，一份沙拉或前菜，搭配以肉類為主的主菜或是義大利麵，就算是豐富了。而通常，喜歡喝葡萄酒的義大利人在午餐時間，就會開始邊喝葡萄酒邊搭配午餐。

飯後，義大利人還會喝杯Espresso，然後睡個午覺，或是慢慢地、悠閒地休息一會兒，約莫3點過後才會回到工作崗位。

Italy

義大利的晚餐要算是一天當中最豐富也是最重要的一餐了。正式的義大利料理從種類豐富的前菜開始；然後上義大利麵或燉飯類為主的第一道菜；第二道菜也就是主菜，則是以肉或海鮮為主；而喜歡吃甜點的義大利人當然也不會漏掉甜點這一項，末了，才以一杯Espresso作為結束。

和台灣一樣重視家庭生活的義大利，將晚餐視為重要的家庭活動，全家人一起享用晚餐、開心地暢談，或者邀請鄰居或親朋好友一起來家中用晚餐，也很常見，也正因為如此，一頓飯開心地吃喝下來，也幾乎都是2個小時以上的時間，酒足飯飽後，再帶著微醺的酒意與開心且放鬆的情緒上床睡覺去。

攝影／吳靜雯

Dinner

世界飲食的習慣—西班牙篇

攝影／王瑤琴

攝影／王瑤琴

攝影／王瑤琴

對於已經很習慣晚睡的西班牙人而言，早起通常是件不太可能的事，因此早餐也吃的比較晚，而且才剛起床，也不太願意花太多時間在準備早餐這件事情上，因此大多數的人早餐都吃的很隨便，甚至不吃早餐，有些人在早上喝杯加了牛奶的熱咖啡(Cafe con leche)，就算是一頓早餐了。

為了因應大家晚起、不喜歡準備早餐的習慣，西班牙許多小餐飲店或咖啡館都有供應早餐的服務，其中大多是各式麵包、蛋捲，再搭配杯熱飲，而熱飲通常就是指熱咖啡，很多西班牙人似乎都不太喜歡喝茶。

攝影／楊鎮榮

攝影／楊鎮榮

攝影／王瑤琴

Lunch

攝影／楊鎮榮

因為早餐吃的很晚，所以西班牙的午餐時間也往後延了，大多數人都是在下午2點到下午4點之間才會吃午餐，公司行號與商店在這段時間內也會休息不營業，若是想要在這段時間去購物的話，恐怕得吃上閉門羹。對台灣遊客而言，要配合當地2點之後才吃飯的時間，大家可能已經餓的兩眼昏花，不過若是在中午時分走進餐廳，往往也只有我們這桌客人，感覺有些奇怪，所以最好的方法是中午餓了的時候先吃點麵包之類的小點心，等下午2點多後才去餐廳用餐，這樣不僅不會餓壞了，也有機會見識真正的西班牙午餐時光。

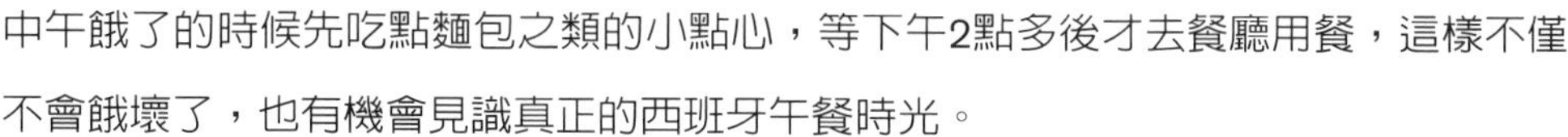

攝影／王瑤琴

午餐在西班牙算是一天當中第一頓正餐，大多數的餐廳都會湧進大批顧客，呈現出人聲鼎沸的熱鬧景象。當地居民的午餐內容，多半是火腿、西班牙海鮮飯、番茄湯之類的當令食材，而且還會搭配葡萄酒或啤酒一邊享用，一頓午餐吃下來，往往也要1個多小時，吃飽了，睡個小覺，4點過後才又陸續回到工作崗位。

Dinner

西班牙的晚餐時間，對台灣遊客來說，可能要算「宵夜」了。沒錯！大多數的居民幾乎都是在晚上10點以後才開始進行晚餐，不過，可別以為西班牙人不怕餓，而是她們在晚上6點到8點這段下班後的時間，還會來上一頓點心，內容就是琳瑯滿目的Tapas，如火腿拼盤、油醋漬橄欖等等，搭配著酒一起享用。

10點過後，當地人才會開始陸陸續續進入餐廳或是在家裡用餐，在晚餐期間，大伙一起把酒言歡、吃吃喝喝，好不熱鬧，而且這個景象一直要到午夜12點之後才會陸續結束，回復平靜。

世界飲食的習慣──美國篇

Breakfast

如果你經常看好萊塢的電影，大概不難發現，美國人似乎不怎麼吃早餐的，現實生活上也是如此。大多數的美國人，尤其是都會區裡的上班族，大都是不吃早餐就出門，頂多也只是在家先喝杯咖啡，就迅速的趕著出門去；或者，在公司附近的小吃店或餐車，買杯現煮的咖啡加個貝果Bagel或偏甜的鬆餅Muffin在辦公室快速解決。不過如果是學生，多半會在家吃完早餐才上學去，早餐的內容十之八九是冰牛奶加玉米片，和成年人一樣，都是以簡單為主。

Lunch

就和大多數的西方國家一樣，美國人的午餐也多半很簡單，大都是在工作附近的餐車或小吃店買的冷三明治搭配一杯飲料就打發了，好一點的還會加顆蘋果之類的水果。不過在都會區，如紐約、芝加哥等，上班族也流行到一些專門賣以重量來計價的熟食小店(很多是韓國人開的)，各憑喜好挑選些沙拉、披薩等，再搭配可樂或果汁就算是豐盛的午餐了。

攝影／張懿文　攝影／蔡惠民　攝影／蔡惠民

在假日不用上班的日子裡，因為不用趕著出門上班上學去，這時候，大多數的美國人都喜歡前往咖啡館悠閒的享受一份早午餐(Brunch)，其內容大概有煎培根、蛋(可挑選炒蛋或荷包蛋等)、煎熱狗、麵包配奶油與果醬，以及一杯咖啡和果汁，也就是我們印象中的美式早餐。享用早午餐的時間，大都是早上10～12點左右，然後下午3、4點餓了再來點餅乾或甜甜圈之類的點心裹肚子。

晚餐 18:30

美國人的晚餐時間和台灣人差不多，大都在6、7點左右，不過根據洛杉磯時報的調查，大約有8成的人習慣從餐館買外帶食物回家當晚餐，而這當中又以披薩為最多，要不就是以冷凍微波食品快速解決。晚餐對都會區的美國民眾而言，也是重要的社交活動之一，因此與三五好友在下班後一同上餐館享用美食，也很普遍，有些人在下班後、晚餐前的空檔，還喜歡先去小酒館喝杯酒。

攝影／林小云
攝影／陳玉治
攝影／蔡惠民

攝影／張懿文

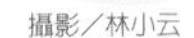
攝影／林小云

世界飲食的習慣——日本篇

Breakfast

攝影／張岑如

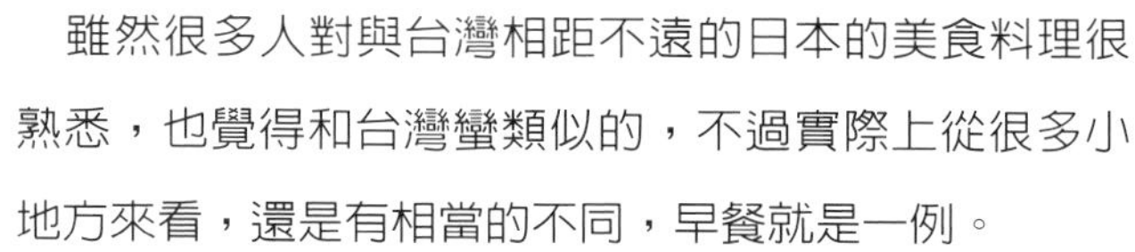

雖然很多人對與台灣相距不遠的日本的美食料理很熟悉，也覺得和台灣蠻類似的，不過實際上從很多小地方來看，還是有相當的不同，早餐就是一例。

日本人大多數有在家吃早餐的習慣，而且因為往往得早早就出門上班、上學去，所以用餐時間也會比較早。傳統的日式早餐內容會有煎魚、煎蛋、醃漬蔬菜和納豆等菜色，然後搭配白飯與味噌湯，相當營養豐富，而台灣人早上所習慣吃的稀飯，在日本則是被視為生病時候吃的。近年來，為了節省準備時間，也有不少家庭簡化早餐的內容，以飯糰或麵包、牛奶來取代，但是傳統早餐還是深受不少人的喜愛。

攝影／張岑如

Japan

攝影／張岑如

Lunch

攝影／陳玉治

如果是有家庭主婦的家庭，通常都會為另一半與小孩準備便當，而且這便當一定都是當天早上製作的，這點也和台灣有些家庭為了方便，在前一天晚上就把便當準備好、冰起來放不太一樣。因為日本人沒有「蒸」便當的習慣，所以一定要當天製作才行，不過到了中午，便當已經是涼的，夏天還好，冬天吃冷便當，這點對台灣人而言應該會覺得怪怪的。

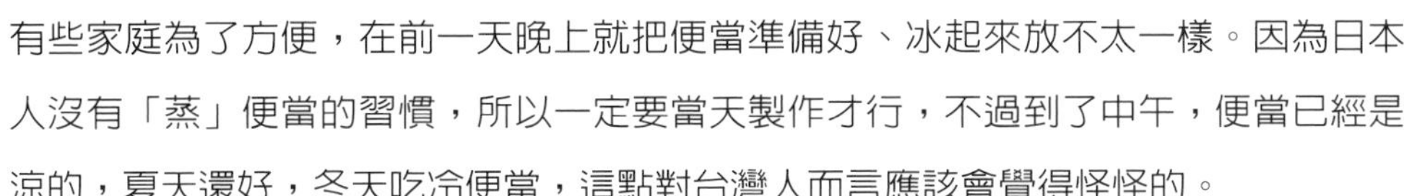

外食族的午餐內容選擇很多，各式口味的拉麵、丼飯，便利商店就可買到的便當等等，還有各家餐廳也會推出只有中午才有的特價日式定食。對於想品嚐日式美食卻預算有限的遊客而言，餐廳中午推出的特價定食是最佳的選擇，其菜色往往和晚上供應的菜色內容差不多，但以定食方式推出的價錢可比晚餐單點或套餐要便宜至少1/3以上，十分划算。

Dinner

攝影／陳玉治

日本家庭的晚餐通常會等全家人到齊了才一起開動享用，所以若是有成員通勤的時間比較長，全家吃晚餐的時間也會往後延，因此開始用餐的時間通常在7點之後。

但是在都會區，很多上班族晚上幾乎都還會有應酬或是與朋友的聚餐，外食的比例也很高，而且通常還會連趕個兩、三「ㄊㄨㄤ」，才會結束，首先是先去餐廳用晚餐，接下來可能換去居酒屋喝酒配小菜，誇張一點的還會在居酒屋之後，到小店或路邊攤吃碗拉麵或關東煮來醒酒，然後才回家去。所以在日本都會區，夜間搭乘電車時，偶爾會出現喝醉酒的中年上班族在車上昏睡或大聲騷擾其他乘客的情形。

攝影／陳玉治

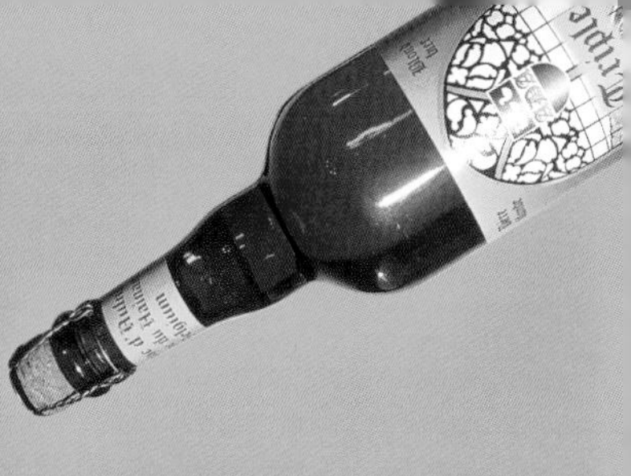

旅行世界
非嚐不可的道地美食

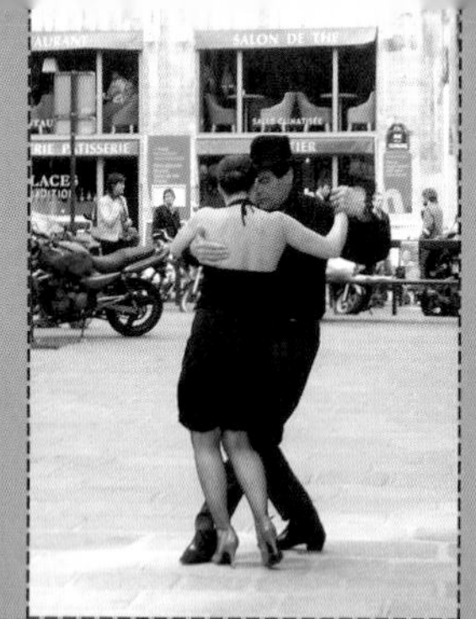

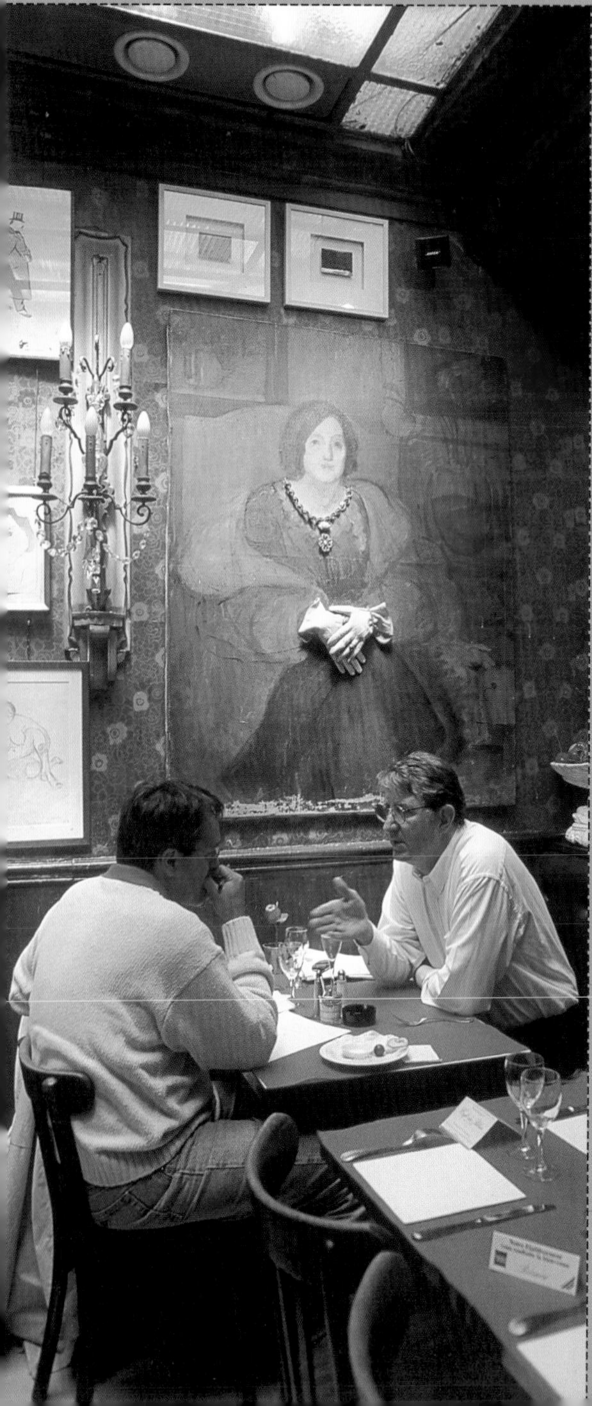

Hédiard精緻美食王國

擋不住的誘惑！大啖勃艮地蝸牛好滋味

米其林帥哥主廚的美食藝術秀

法國香檳區的浪漫饗宴—

王宮咖啡廳Café du Palais

來到法國非嚐不可的可麗餅

最有英國味的平民小吃Fish & Chips

在Pub中感受道地英國生活

展現優雅氣質的英國下午茶

世界級啤酒之都—慕尼黑

其貌不揚的西班牙平民美味——墨魚海鮮飯

時髦的開胃菜，西班牙TAPAS

最典型佛羅倫斯小吃—牛肚三明治

人稱第一名的佛羅倫斯牛排Parione Trattoria

新鮮甜美的托斯卡尼鄉村蔬食

義大利帝王等級的葡萄酒醋

最富拿波里熱鬧氣氛的披薩餐廳

Gelato! Gelato!義大利人的最愛

追求義大利麵的Al Dente！極致美味

Antipasti讓味蕾甦醒的佐酒良伴

永遠不會喝膩的比利時啤酒

香濃甜蜜的比利時巧克力

歐洲篇

以歷史文化與優美風景聞名的歐洲

其精緻的美食文化

更是吸引旅人的魅力之一……

地點：歐洲／法國　　文字・攝影：吳靜雯

特色餐廳

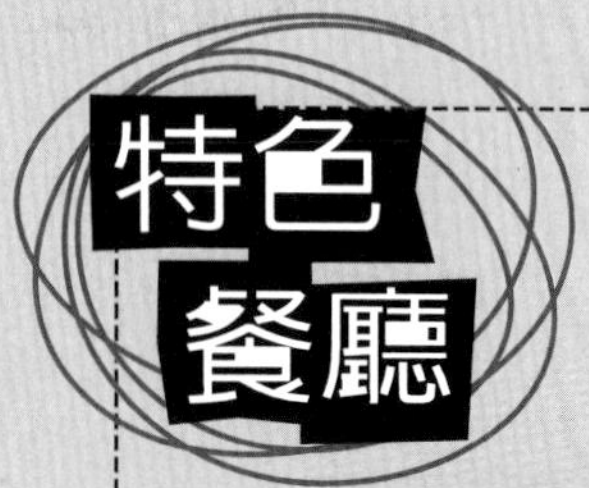

Hédiard精緻美食王國

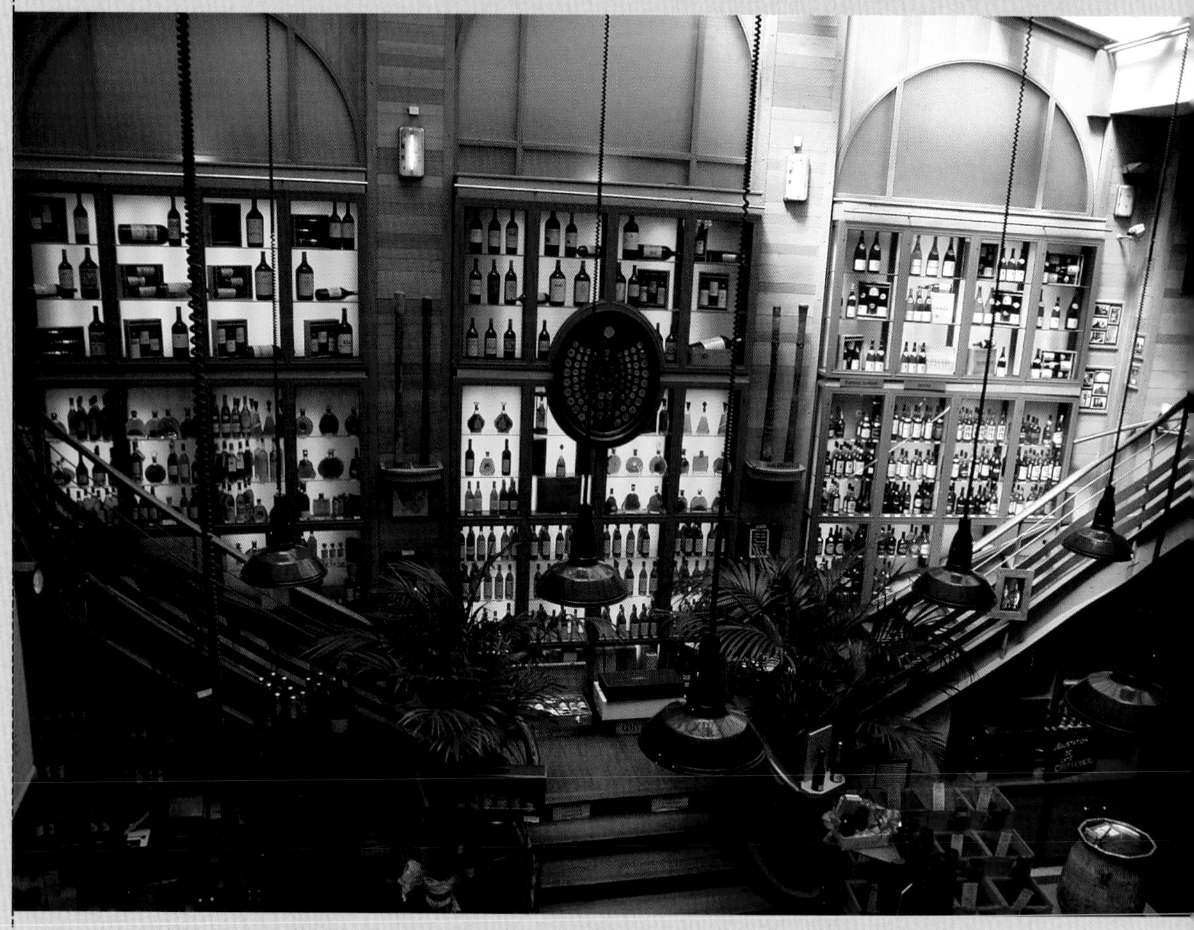

法國是以美食聞名的國度

而發跡於巴黎、已經有50多年歷史的Hédiard

則可稱的上是法國美食的縮影，一窺法國料理精神的最佳去處

＊揚名半個世紀的美食王國

一個半世紀的美食王國「Hédiard」，紅黑亮麗的旗幟一直佇立在巴黎的瑪德林娜廣場(Madeleine)，用心地為巴黎人挑剔的味覺努力。從最早的對新鮮蔬果的品質堅持打出名號後，陸續推出世界各國的香料，一直到後來成為商店代表商品的200多種飲茶與咖啡，涵蓋亞洲、美洲、非洲、澳洲、歐洲各大洲的上選產品。

對於高品質的堅持，一直是他們的宗旨，於是法國南部成立了最新鮮的法國手工甜點工坊，採以最新鮮的水果製造Pates甜點，又有專屬的煙燻鮭魚與魚子醬來源，以提供顧客永遠的品質信賴。此外，店內還有法國酒、熟食專櫃、巧克力專櫃、餐飲器具專櫃、以及二樓的餐廳。幾乎所有最高級的美食食材都可以在店內找到。

▲中庭挑高設計，藉由自然採光襯托各種法國酒的光澤。

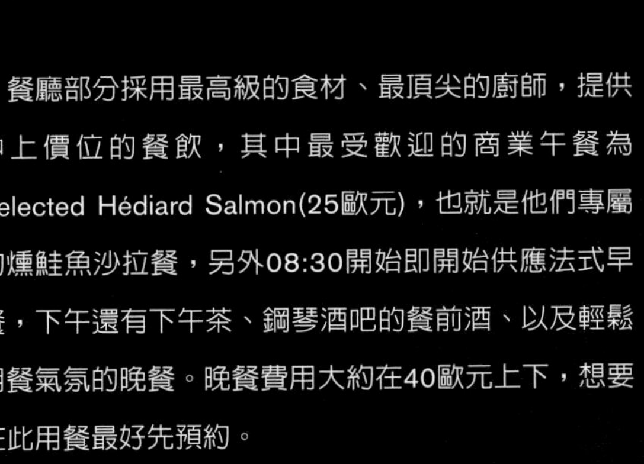

餐廳部分採用最高級的食材、最頂尖的廚師，提供中上價位的餐飲，其中最受歡迎的商業午餐為Selected Hédiard Salmon(25歐元)，也就是他們專屬的燻鮭魚沙拉餐，另外08:30開始即開始供應法式早餐，下午還有下午茶、鋼琴酒吧的餐前酒、以及輕鬆用餐氣氛的晚餐。晚餐費用大約在40歐元上下，想要在此用餐最好先預約。

1.以新鮮蔬果起家的Hédiard，從世界各地進口水果，讓巴黎顧客也能享用到非季節的水果。2.店內最受歡迎的高檔鮭魚餐，色香味具全的美麗擺盤。3.Hédiard的特色甜點，Les Pates de Fruits水果軟糖，共有20多種水果口味。4.弧形的木製吧台，讓前來享用餐前酒的客人有更密切的互動。

優雅又不失輕鬆的用餐空間

整家店面的設計以鮮明的紅黑代表色構，整家店的設計相當雅緻、寬敞。店門擺的就是Hédiard起家的鮮果車，保留Hédiard的傳統根源，接著一樓店面主分為三大部分，一邊為新鮮蔬果區及香

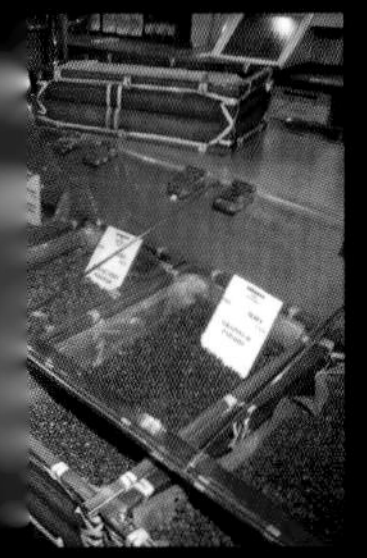

料、冰淇淋區，穿過中庭區為高挑的酒櫃與咖啡區，另一邊則為由美麗的紅色茶罐堆砌而成的茶區、熟食區、以及甜點區。

二樓部分為餐廳，酒吧的弧形設計可以來此享受餐前酒的客人與調酒者有密切互動，另外還有鋼琴演奏，餐廳氣氛相高雅。另外，餐桌間的距離也相當適，客人彼此有自己的空間，再加上餐廳計主要以自然的竹子為主題，營造出相輕鬆的用餐氣氛。坐在中庭區的客人，可以眺望一樓來來往往的客人，欣賞挑自然採光的中庭設計，坐在廣場窗戶區客人則可以看到廣場上的人來人往。

DATA >>>

Hédiard在巴黎地區共有9家分店，在整個法國地區共有200多個點，世界各國也都設有分店。可說是享譽全球的法國高級美食殿堂。

＊總店

21, Place de la Madeleine, 75008 Paris

01-4312 8888

FAX 01-4266 3197

http www.hediard.fr

＊鮭魚料理與特色甜點令人難忘

雖然說這家商店在巴黎地區來講屬於高級商店，但是所有的服務人員都相當親切，服務也很專業，讓人有著賓至如歸的感覺。由於老店位於瑪德林娜廣場上，所以午餐時間通常有許多附近的商業人士到此用餐，最好事先預約。

二樓餐廳的鮭魚餐，採用最高級的鮭魚料理，可以嚐到最鮮美的鮭魚餐，再配上精緻的擺盤，讓整個餐點更加美味，難怪這是最受歡迎的餐點之一。另外香酥的炸蝦也相當推薦，4、5隻的大明蝦，炸得剛剛好，一口咬下去散發出香脆的炸蝦味，此外還配上酥脆的蔬菜，整個配色及口味，不容錯過。當然，想要享受最高級的魚子醬，這裡當然也是你最佳的選擇。

以茶飲及咖啡為名的，下午茶也相當值得品嘗，店內更有最新鮮的糕點，甜度恰到好處，口味也相當多種。其中的特色甜點Les Pates de Fruits，看似只是簡單的水果糖，但是它的咬勁實際上非常紮實，軟中帶勁，入口後又有相當濃郁的水果香味縈繞整個唇舌。可以看到Hédiard即使對於相當簡單的甜點，也相當地用心。

▶Hédiard獨家設計的圓形胖茶罐，相當受到顧客的喜愛。

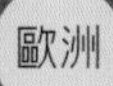

地點：歐洲／法國　　文字・攝影：曹馥蘭

經典美食

擋不住的誘惑！大啖勃艮地蝸牛好滋味

勃艮地是法國豐富食材的產地；上等法國食材如夏侯蕾品種牛(Charolais)布列斯土雞(Bresse)及蝸牛(Escargot)皆產自於此

尤其是名聞全球的蝸牛，絕對不能錯過

◀勃艮地的蝸牛顆粒比較大，與大蒜泥、奶油及香芹一起焗烤，口感超優的。

＊勃艮地公爵居住的古城─波恩Beaune

位於勃艮地省的正心臟處的波恩Beaune在14世紀之前，曾是法國公爵時期的首都，也是勃艮地的酒鄉首都。城裡迄今仍保留了濃厚的中古世紀風情，城牆與護城河、獨特的幾何釉彩拼花屋頂古蹟、葡萄酒窖；不論是漫步在石板路的舊城，或是葡萄園裡，加上每年11月的葡萄酒年度慈善拍賣會，都讓波恩沉浸在葡萄酒的微醺浪漫中。

＊除了美酒　焗烤佳餚也同樣聞名

除了葡萄酒讓此區聲名大噪之外，勃艮地的蝸牛名聞全球，而所謂法式焗烤蝸牛這道美食指的就是勃艮地蝸牛(Escargots a la Bourgogne)。相傳是古羅馬人將它帶進勃艮地，以前農民在葡萄收成時會順便將這些吃葡萄葉的蝸牛帶回去烹調來吃；現在這些肉質甘甜且富嚼勁的蝸牛，受到來自全球饕客的

▶ 夜之谷區(Côte de de Nuits)的葡萄採收

喜愛，供不應求，大都是人工養殖了。

美味的焗烤蝸牛的做法非常繁複，首先將蝸牛餓個兩天以清除排泄物和腸胃，再用醋鹽清洗、以沸水煮再挖出蝸牛肉浸泡紅酒去腥味，再塞回蝸牛殼中，填入大蒜泥、奶油及香芹進烤箱一起焗烤，也可加些迷迭香等香料。剛烤好的蝸牛香味四溢、令人猛吞口水，而這道料理也多被當成餐前菜選擇。

✻ 別讓蝸牛飛出去

記得電影《麻雀變鳳凰》裡，李察基爾請茱莉亞羅勃茲在高級餐廳用餐那一幕，女主角因為不會用夾蝸牛器具而讓蝸牛飛出去的糗狀；沒錯！想要享用美味蝸牛時，得先用特製蝸牛夾夾穩蝸牛殼，再用小叉子勾出蝸牛肉，才不會演出蝸牛飛出去的那一幕，而殼中的醬汁也很燙口，食用時也得要小心點。

事實上，我以前是不敢吃蝸牛的，但是來到以焗烤蝸牛聞名的勃艮地，如果不試吃一下，似乎就太膽小也看不起蝸牛了。抱著冒險的精神，淺嚐第一口時，馬上就被濃郁的醬汁和肥嫩香甜的蝸牛肉迷住了，一點都沒想像中的可怕，再搭配勃艮地的葡萄酒，哇啊！如果沒有超高的廚藝水準、上等食材和一顆期待又虔誠的心，怎能有這樣的感動，難怪喜愛法國美食的饕客都視勃艮地蝸牛為非吃不可的餐前名菜呢！

◀ 勃艮地最著名的釉彩拼花瓷磚屋頂，此建築特色以位於波恩的主宮醫院(Hotel-Dieu)最具代表性。

經典店家推薦

✻1 Auberge de la Toison d'Or >> 位於波恩舊城區東門旁，是間傳統菜餚餐館，餐廳不大，但在波恩享有名氣，特別是這裡以勃艮地鄉村農家料理為主，而且價格合理，招牌菜眾多，像焗烤蝸牛、紅酒燴公雞、勃艮地紅酒燉牛肉等。

✻2 Le Gourmandin >> 利用多層次的色彩裝潢，使狹小的空間呈現懷舊溫馨感，加上天井的設計，讓這家位於波恩舊城區Place Carnot廣場旁的小酒館充滿特色。這裡的餐點是當地人讚不絕口的主角，特別是鮮嫩的烤鴨燴香料、勃艮地紅酒燉牛肉等。

DATA >>>

✻1
- ✉ 4, Boulevard Jules Ferry
- ☎ +33 (0)3 80 22 29 62
- ➡ 於第戎(Dijon)搭乘快車抵波恩，約20分鐘；或自行開車沿A31公路向南行，路程約40公里。

✻2
- ✉ 8, Place Carnot
- ☎ +33 (0)3 80 24 07 88
- ➡ 於第戎(Dijon)搭乘快車抵波恩，約20分鐘；或自行開車沿A31公路向南行，路程約40公里。

地點：歐洲／法國　　文字・攝影：曹馥蘭

特色餐廳

米其林帥哥主廚的美食藝術秀

▲在2002年2月拿到米其林一星殊榮的Chef Stephane Laurier非常謙虛，最大心願便是和每位客人分享他在料理上的創意與用心。

法國美食名滿天下
各種美食指南充斥市面
卻只有「米其林指南」(Guide Michelin)
才是料理界最具權威與信服力的評鑑
這家餐廳的帥哥主廚不僅擁有精湛廚藝
其藝術的涵養也備受尊敬
是該店的靈魂人物

＊藝術和設計之城──聖艾提安(Saint-Etienne)

聖艾提安(Saint-Etienne)是隆河──阿爾卑斯山省的第二大城市，19世紀法國工業發展的始創城，舉凡法國境內的第一條鐵路、首部雙輪自行車都是在這裡產生，這裡的居民將工業設計與紡織業裡的藝術涵養運用在城市和建築上；舊城中有不少17～18世紀風格的建築，使聖艾提安呈現現代、傳統二者兼容的格調；每兩年舉辦一次的國際設計展，更發掘了眾多具設計天份的人才，因而有「設計之都」的美譽。

我非常喜歡聖艾提安，除了充滿綠意和藝術建築的市容外，創意十足的商店、Weiss好吃巧克力、迎面而來穿著品味獨特的帥哥美女⋯⋯，最重要的是我同時品嚐了米其林

▶充滿設計感、活力十足的聖艾提安街景。

1星餐廳極致美食與新潮創意的美味料理，更見識了兼具精湛廚藝與藝術涵養的帥哥主廚魅力。

＊米其林1星餐廳的感官盛宴──Nouvelle

以白色基調為主設計、整體典雅大方的Nouvelle餐廳，是聖艾提安唯一米其林評鑑的1星餐廳。老闆是年僅35歲的Chef Stephane Laurier，身兼經營者與主廚雙重身份，更是Nouvelle的靈魂人物，帶領10多位員工致力於創意的廚藝表現、餐廳服務品質、陳列擺設，希望讓每一位用餐者都能得到百分百的享受。

更特別的是，Chef Stephane Laurier還打破一般人對主廚身穿白色衣服頭戴高帽的刻板印像，而是剪裁立體的藍黑色上衣搭牛仔褲，看起來既時尚又前衛。「服裝的顏色不重要，能夠提供給顧客最滿意的部份才是自己最在乎的」，Chef Laurier對他與衆不同的服裝作了最佳解釋。

▶Chef Stephane Laurier的太太是著名的設計師，三家餐廳的裝潢佈置都是她的精心傑作。

1.這道煎豬排的主菜，除了濃郁的醬汁外，還搭配了用普羅旺斯產的茄子與節瓜，用橄欖油烹調，肉鮮嫩、蔬菜香甜，非常可口。2.這裡的露天座位，經常座無虛席，是年輕人和上班族的最愛。3.Epicerie Cuisine是1904年的建築，精緻的鑄鐵欄杆和綠窗白牆非常典雅。4.室內裝潢走明快時髦的設計風格，非常大方。5.哈蜜瓜和帕瑪斯火腿不論是搶眼亮麗視覺還是清爽口感，都是百分百的完美，很適合食量不大又想吃點前菜時的選擇。

＊創新時髦的裝潢設計──Epicerie Cuisine

這位年輕的天才主廚，還另外經營了兩家風格迴異的餐廳，除了Nouvelle外，位於隔壁的Epicerie Cuisine也是，但卻以截然不同的空間分為來區隔客層與不同消費需求。

「Epicerie Cuisine」走簡潔時髦氣氛的設計，明亮落地窗灑落一地陽光，讓用餐空間多了一份舒暢明亮感；而且還研發了鮮明的周邊商品，例如果醬、水果軟糖、花茶、各式香料等，每一樣都好有設計感、創意十足，令人愛不釋手。

另外一家位於現代美術館(Musée Art Moderne)內的「Restaurant du Musée」，是屬於快餐的形式。嗯，不由佩服起Chef Stephane Laurier的生意頭腦與無窮精力，對於他的料理功夫也就更加期待了。

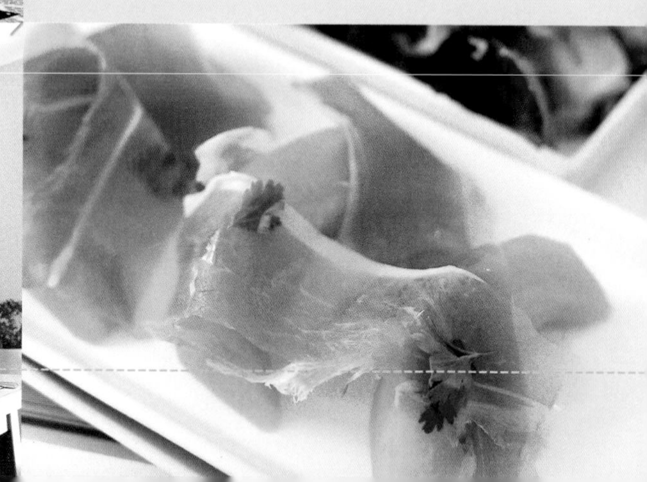

▲這道鮪魚主餐，搭配冰涼的甜番茄醬汁，清爽不膩，也可以選擇薄荷白起司醬。

✻ 精緻高雅與創意新潮雙體驗

晚餐我決定奢侈一點，在米其林1星的Nouvelle餐廳享用。果然，從主廚特製富有紫羅蘭香味的餐前雞尾酒、前菜、主菜到甜點咖啡，每一道都是細膩繁複的廚藝工夫，不論是恰到好處的烹調口感或食材和醬汁的運用，令人驚喜連連；甚至餐具顏色及獨具巧思的擺盤裝飾、搭配食物的葡萄酒、專業的服務品質、餐廳燈光音樂營造的氣氛等，讓我們沉浸在美食醇酒的樂趣中，體驗了美食藝術的極致饗宴；難怪時間過了3小時多一點也不覺得累和冗長，還熱烈地討論著Nouvelle一定很快便能再拿一顆星了……。

因為對Nouvelle的美食難以忘懷，所以隔天中午，又忍不住的前往Epicerie Cuisine享受這位主廚的另一種創意料理，在悠閒又不失優雅的輕鬆氣氛中，度過了一段愉快的午餐時光。

因為Epicerie Cuisine走較輕快年輕的風格，午餐時間常座無虛席，我們點了不能算是套餐的前菜加主菜和咖啡或茶，午餐喜歡清爽點，而主廚也沒讓人失望，大量的蔬菜與清淡的醬汁讓人無負擔，就連餐盤都和餐廳色調協合，俐落簡潔，連侍者服務的步調也很輕鬆悠哉，哇！可以有機會享用米其林大廚兩種截然不同的廚藝表現，真是太幸福也太幸運了。

▲以菠菜、蘆筍襯底，煎得恰到好處的鴨胸，是一道豪華的主菜。

美食辭典　米其林指南(Guide Michelin)

法國人將美食的要求與評鑑發展出複雜的標準，用以評比法國的美食餐廳：其中又以歷史最悠久的《米其林指南》(Guide Michelin)，是最具公信力的評鑑。

最早(西元1900年)是由米其林輪胎公司發行的紅色小冊子，除了提供旅行法國各區的基本訊息外，還體貼地將餐廳用一星、二星、三星來推薦法國最好的餐廳。

從服務品質、餐廳佈置、料理功夫到侍酒的專業……等等，廚師與餐廳都必須靠真本事才能得到星級的推薦，如果表現退步或是消費者投訴，評鑑後若有不合格與水準下降，星星是會被摘除的，因此能夠得到最優三顆星時，肯定是廚師和餐廳至高無尚的榮耀！

從初版35,000本到現在每年約700,000本的高發行量，便可看出《米其林指南》是法國廣受民眾信賴和最有權威的美食指南，堪稱美食界聖經。

DATA >>>

Nouvelle

✉ 30,rue Saint Jean 42000 Saint Etienne
☎ +33 (0)4 77 32 32 60
FAX +33 (0)4 77 41 77 00

Epicerie Cuisine

✉ 28,rue Saint Jean 42000 Saint Etienne
☎ +33 (0)4 77 21 05 87
FAX +33 (0)4 77 41 77 00

地點：歐洲／法國　　文字・攝影：曹馥蘭

法國香檳區的浪漫饗宴－王宮咖啡廳Café du Palais

位於法國東北部的香檳亞丁區

分佈了廣達600公里長的「香檳觀光小徑」(Route Touristique de Champagne)

除了有迷人美麗的葡萄園風光外

品酒、享受美食更是最浪漫愜意的事

宛如亨利四世所說的「人間有佳餚醇酒處即為天堂」

✻「加冕之都」漢斯(Reims)開始進入香檳之路

漢斯(Reims)是香檳區的省府，自中世紀到西元1825年間，共有24位法國國王在此行加冕典禮，因此有「加冕之都」的歷史地位。雖然漢斯在二次大戰遭戰火摧殘，但是仍有四座建築被聯合國列入世界文化遺產，其中又以建於西元1211年的漢斯大教堂(Catherale Notre-Dame)最具代表性。

在漢斯幾條商店街與特色餐廳都是購物大啖美食好去處；若要品酒或參觀香檳酒窖，漢斯也有不少酒廠可供選擇。而從漢斯山坡(Montagne de Reims)開始的「香檳觀光小徑Route Touristique de Champagne」觀光行程，則廣受

▲燈光的運用，也是Café du Palai華麗風格的功臣之一。

◀ 威斯列街兩旁商店林立，是漢斯最主要的購物商圈之一。

許多喜好香檳的遊客歡迎。遊客可以隨著「香檳觀光小徑」沿路指示標誌前往拜訪許多酒鄉小鎮，而沿途順著丘陵分布的遼闊葡萄園，則是最美好的田野風光。

✻ 置身在奢華貴氣的氛圍中

這家位於漢斯歌劇院對面Rue Carnot上的王宮咖啡廳(Café du Palais)，從西元1930年營業至今，已經有75年歷史，目前由父親與第4代傳人共同經營，20出頭的小老闆未脫稚氣的臉龐，卻彬彬有禮與始終掛著微笑的得體應對，讓人馬上對餐廳的好感加分不少。

而第一眼從外面看Café du Palais時，感覺和普通餐廳差異不大，但一走進到屋內後，馬上令人產生一種時空交錯的感覺；因為整個室內裝潢是以20世紀初的裝潢為主，華麗講究的水晶吊燈、彩繪玻璃和紅色系基調的牆面，加上挑高空間從天井引灑進的自然光投射在傢俱、雕塑或牆上各種掛飾與油畫上，呈現出一種奢華貴氣的氛圍，彷彿置身在不同年代場景裡，眼光也久久無法移開。

老闆看到我們幾個東方人吱吱喳喳交頭接耳，眼神四處張望的興奮感，便大方地來為大家介紹餐廳的歷史與設計的風格特色，其中我最感興趣與好奇的是，牆上掛的畫像中人物從神情到表現技法都很奇怪，有一分幽默和誇張戲劇效果，老闆解釋，畫中人物都是親戚和朋友(音樂家、畫家、作家、肉販、鄰居……等)，大家感情實在太好了，所以用他們當主角來豐富餐廳的內容，沒入畫的親朋好友就另外印製成明信片放在櫃台免費送客人，這些非職業演員真有天份，效果一極棒，我拿了好幾張作紀念；很佩服老闆的創意及和親友的情誼，讓一家充滿復古的餐廳更增添溫馨的人情味。

▲已經有75年歷史的王宮咖啡廳(Café du Palais)，是漢斯值得推薦的美食餐廳。

◀擺著各式各樣甜點的甜點吧，令人口水汨汨而流。

▼外型雄偉的漢斯大教堂已被列入聯合國世界文化遺產。

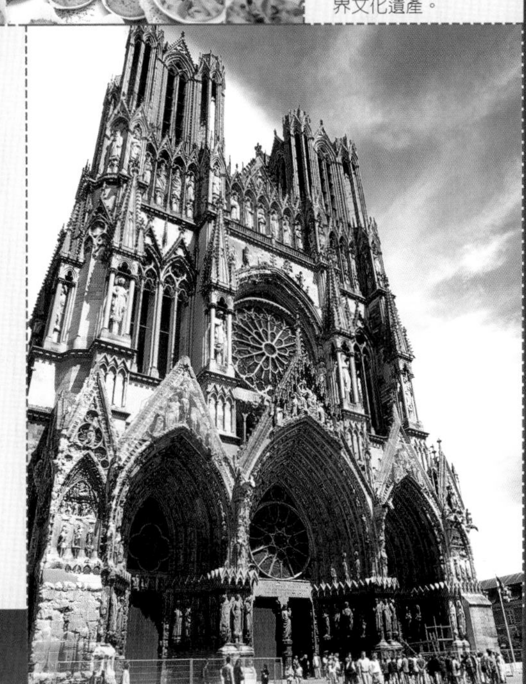

✻ 精華薈萃的美食絕藝

別以為這兒只有裝潢設計特別，在料理與甜點上(琳琅滿目的甜點吧)更是精彩，Café du Palais在漢斯是著名的美食餐廳。

老闆特別推薦餐廳裡的獨家配方佳餚「生煎鵝肝」，鮮嫩肥肝的好滋味讓人回味無窮，漢斯傳統美食「漢斯火腿」和用橄欖油和培根、牛肝蕈一起拌炒的煙燻鴨肉與多種生菜作成的「熱鴨肉沙拉」，再搭配了有種細膩而溫潤的特殊感覺的當地香檳酒，別有風味。餐後甜點也是Café du Palais的重頭戲──用漢斯特產玫瑰色乾(Biscuit Rose de Reims)調製的「漂浮島甜點」及用香檳酒做的「香檳碎冰沙」，當然更不能錯過「玫瑰色餅乾 」沾香檳酒吃的絕好吃法。

這些風味獨特的餐點，價格從6.5歐元到15歐元不等，若以用餐環境的享受、服務品質到菜色的美味上來說，一點也不貴，難怪餐廳經常客滿，是漢斯超高人氣的餐廳之一；像這樣的餐廳除了觀光客外，大都是當地人愛用餐的地方，記得最好提前預約才不會「乘興而來，敗興而歸」。

▲左：餐廳在每個細節上都很講究，餐具使用法國最高級的骨瓷餐盤，和「生煎鵝肝」 (Foie Gras de Canard Maison)搭配起來更精緻華貴。
中：「飄浮島」(Oeufs à la Neige aux Biscuits Rose de Reims)是一道顏色非常鮮艷的甜點，主要用蛋白打成綿細泡狀，淋上蜂蜜焦糖和煉奶，但吃起來稍甜膩了些。
右：「漢斯火腿」也是漢斯的風味食物，嘗起來爽口不鹹澀，有一點像肉凍，大都用來當成一道前菜。

美食辭典

是香檳？還是氣泡酒

早在3世紀時香檳區便開始栽種葡萄，一直到17世紀才發明了香檳酒，相傳是由歐維勒(Hautvillers)的修士貝席龍（Dom Pérignon）偶然研發出來的，因終其一生地研究，而被冠上「香檳之父」的美譽。除了完全得由人工採收的葡萄及香檳繁複艱辛的釀造過程、專業高難度的技術外，更是一門藝術人文的呈現，不只是一般葡萄酒而已，所以香檳珍貴、獨特。全世界只有香檳亞丁區所生產的氣泡酒才可以稱為「香檳」，其他各國連法國自己葡萄酒產區所產的氣泡酒都只能稱為「氣泡酒」。

香檳氣泡的祕密

當香檳瓶蓋「啵」一聲開瓶後，傾倒入酒杯中，可以看到金黃色美妙的小氣泡從杯底往上衝，沒錯，這些特殊氣泡正是香檳別於葡萄酒的地方。為什麼會有這些神奇的小氣泡呢？因為香檳酒的釀造須經二次發酵處理，酒精發酵後添加了酵母菌與糖，進行第二次發酵，所產生的二氧化碳融解在酒中，便是漂亮迷人的小氣泡。

DATA >>>

王宮咖啡廳Café du Palais

✉ 14, Place Myron-Herrick
☎ +33 (0)3 26 47 52 54
FAX +33 (0)3 26 47 93 77

1 | 2
3 | 4

1.漢斯附近有很多生產香檳的酒莊，當然要體驗一下這金黃色氣泡的獨特魅力喔。2.父子兩人是Café du Palais的靈魂人物，對待客人非常真誠熱情，還有對自家餐廳經營的一種專業和自信。3.加進香檳酒的冰淇淋奶昔，用「玫瑰色餅乾」沾著吃，是很特殊的品嘗法。4.青銅雕像、古董香水瓶將空間營造得很有質感。

地點：歐洲／法國　　文字：朱予安　　攝影：蘇俐方

來到法國 非嚐不可的可麗餅

可麗餅在台灣已經流行很多年了
很多人都知道它**源自於法國**
但卻可能不知道
道地的法國可麗餅
可是和台灣美食街或夜市
所販賣的**大大不同**喔！

＊吃可麗餅祈求來年順遂

相信大家都吃過或看過近年來很紅的可麗餅(Les Crêpes)，內裝著滿滿的餡料外皮還脆脆的。但是道地的法國可麗餅卻大不相同，是比較濕潤柔軟的口感，適量的甜鹹醬料陪襯著可麗餅而不會喧賓奪主。

在法國特別是布列塔尼地區(Bretagne)，人們都會依循傳統在聖蠟節(La Chandeleur)這天享用可麗餅。天主教傳統節慶中的聖蠟節(亦可稱蠟燭之慶典)，原本是慶祝耶穌聖嬰誕生後40天(每年的2月2日)重回耶路撒冷，也證明聖母瑪麗亞的純潔；現今則演變成象徵冬天即將結束的節慶。

這天有個傳統習俗：人們會在爐子上以右手成功做出第一張可麗餅，同時左手握著個法國金幣，以祈求工作及整年都很順遂。有種說法是餅翻面不可掉落或黏在天花板上或皺皺的，至於法國金幣，現在就用1歐元硬幣代替囉。

為何古時可麗餅會是聖蠟節的象徵？由於羅馬教宗節西拉一世(Gelase 1er)習慣提供當時的朝

聖者可麗餅食用，於是至西元472年，可麗餅開始跟宗教有不解之緣。此外，圓形的餅皮配上金黃色，象徵著帶來光明的太陽！可使麥子成熟，就是這個原因讓可麗餅成為祈求整年豐收的代表。2月2日也是黑夜最長的一天，這天過後日照漸長，也為賦予聖蠟節慶祝光明到來的實質意義。當天一家人享受自家做的可麗餅配上蘋果酒，點些燭光，順道許願頗溫馨的。

✻ 可便宜可高貴的點心

在法國可麗餅是點心也可充當正餐，算是種平民小吃。那裡吃的到老少咸宜的可麗餅呢？路邊許多現做外帶的可麗餅屋，鬧區觀光景點總是少不了，邊走邊吃或找個公園坐著享用都還滿愜意的。另外有種複合式小店，有賣可麗餅、鬆餅、法式三明治、義式三明治(Panini)……，通常會座落在露天咖啡店旁，只要看到有大大的圓爐就一定能找到可麗餅的芳蹤。想要優雅的使用刀叉享用嗎？也有，在正式餐廳中燈光美氣氛佳的環境下品嚐又別有一番風味！

至於口味，路邊攤跟小店差別不會太多，都一樣美味，餐廳裡當然感覺比較精緻，加上服務也好價格當然也水漲船高囉。不過說真的，自己還滿享受邊逛大街邊大口咬著可麗餅的隨興……。

◀老闆熟練的包好可麗餅。

可麗餅的變化很多，有甜也有鹹。我自己最喜歡的是檸檬口味的 (Au Citron) ，熱熱騰騰的餅皮灑著細糖，稍稍溶化後老闆會均勻淋上檸檬汁，一口咬下去酸酸甜甜的，滋味非常的美妙。怕酸的話，可以點抹上厚厚巧克力(Nutella)或栗子醬(Creme de Marron)的口味，冷冷的寒冬吃上一口，也是非常幸福的，或是來個火腿起司的也挺不錯。

＊自己在家也能嘗試動手做

其實光看著老闆俐落專業的現做可麗餅，就足以讓你食指大動。做法其實滿簡單的，只要有個不沾的平底鍋，也可以在家做出迷你的可麗餅。先將3顆雞蛋打入大碗裡，加一湯匙的糖及一小撮鹽均勻打散。再加入250公克的麵粉以及1/4公升的牛奶，攪拌均勻後再慢慢將另外1/4的牛奶加入。最後再加上2小匙的橄欖油或溶化的奶油後，大約在室溫放1小時。在抹上奶油的熱鍋上，倒入2大匙的麵糊，入鍋後要迅速均勻的旋轉成圓形。以中火煎約1分鐘至金黃色即可翻面，30秒至一分鐘可讓另一面也熟透。起鍋後再配上自己喜愛的醬料就大功告成啦。

千萬不要煎的過久，就失去正統法式可麗餅柔軟的口感。也可用一杯啤酒匙取代小部分的牛奶去調，或再加1小匙萊姆酒(Rhum)，都可增加餅皮特殊的香氣。麵糊的祕訣是要能調成可以流動又帶點濃稠，才不會讓餅皮無法凝結或硬邦邦。想祈求一整年的好運氣嗎？2月2日不妨試試法國的小魔法！

1.2.3.可麗餅製作過程：淋上適量麵糊後，迅速俐落的攤平，等餅皮半熟後，就要準備翻面，待兩面都成金黃色後，再塗上厚厚的Nutella巧克力醬，加上整條切片的香蕉，將半圓的可麗餅折成1/8或1/6就可準備起鍋。4.看到剛起鍋的可麗餅，大家的口水似乎都要流下來了。

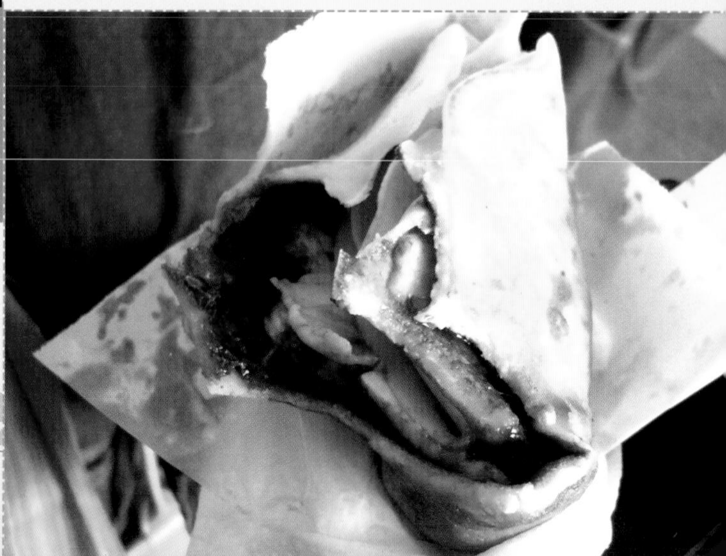

Crêpes

Les Crêpe

經典店家推薦

*1 如果有去香榭大道，推薦去一家可麗餅餐廳。就在麗都 (LIDO) 旁與香榭大道交叉的華盛頓街上，這邊鹹口味的餅皮是依傳統摻蕎麥麵粉製作的，顏色稍稍呈現咖啡色，可不是大廚失職喔。

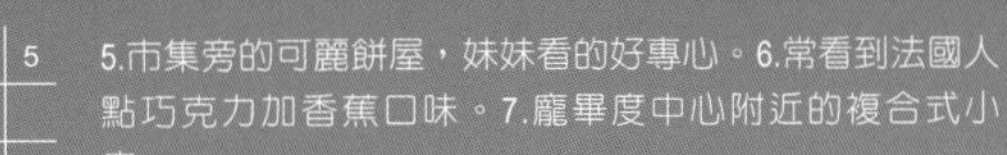

5.市集旁的可麗餅屋，妹妹看的好專心。6.常看到法國人點巧克力加香蕉口味。7.龐畢度中心附近的複合式小店。

*2 **La Creperie des Champs Elysees Ecuries Washington** >> 在巴黎逛街時不妨把眼睛睜大，就會發現外賣的可麗餅還真不少。在龐畢度中心廣場轉角處就一家複合式小店，此外可麗餅屋常出現在熱門景點，如Les Halles徒步區、跳蚤市場、拉丁區等等，要去由Palais de Chaillot遠望巴黎鐵塔的全景時，地鐵Trocadero站出來也有一家可麗餅屋。

✉ 5, Rue Washington 75008 PARIS

☎ 01 45 63 42 47

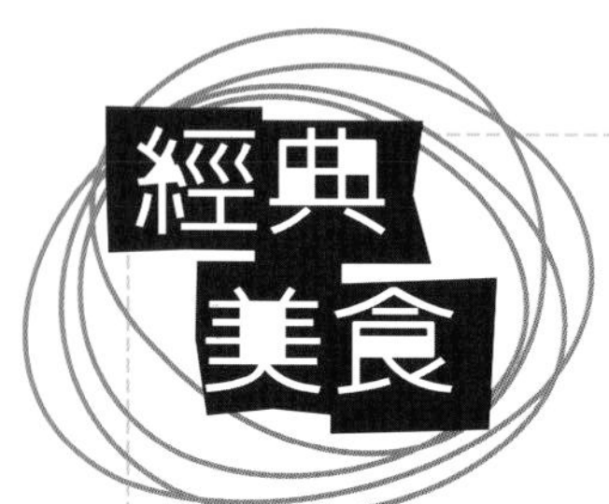

地點：歐洲／英國　　文字・攝影：吳靜雯

經典美食

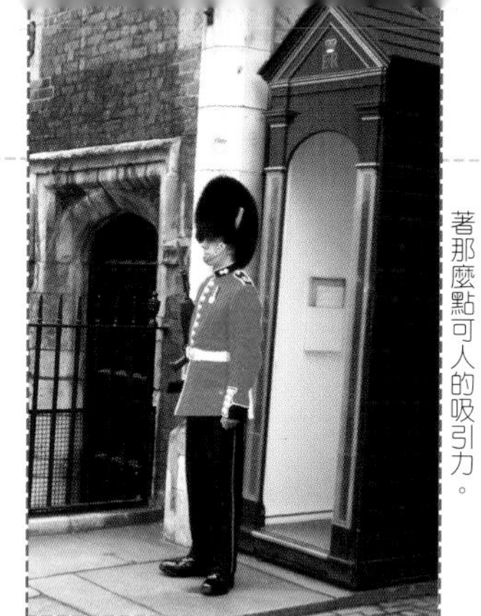

可愛的皇家侍衛，威武中帶著那麼點可人的吸引力。

最有英國味的平民小吃Fish & Chips

當您在英國街頭遊蕩時，

最常見的招牌莫過於Fish & Chips了

到底，這簡單的炸魚和炸薯條有何魅力

能夠席捲上上下下英國人民的心呢？

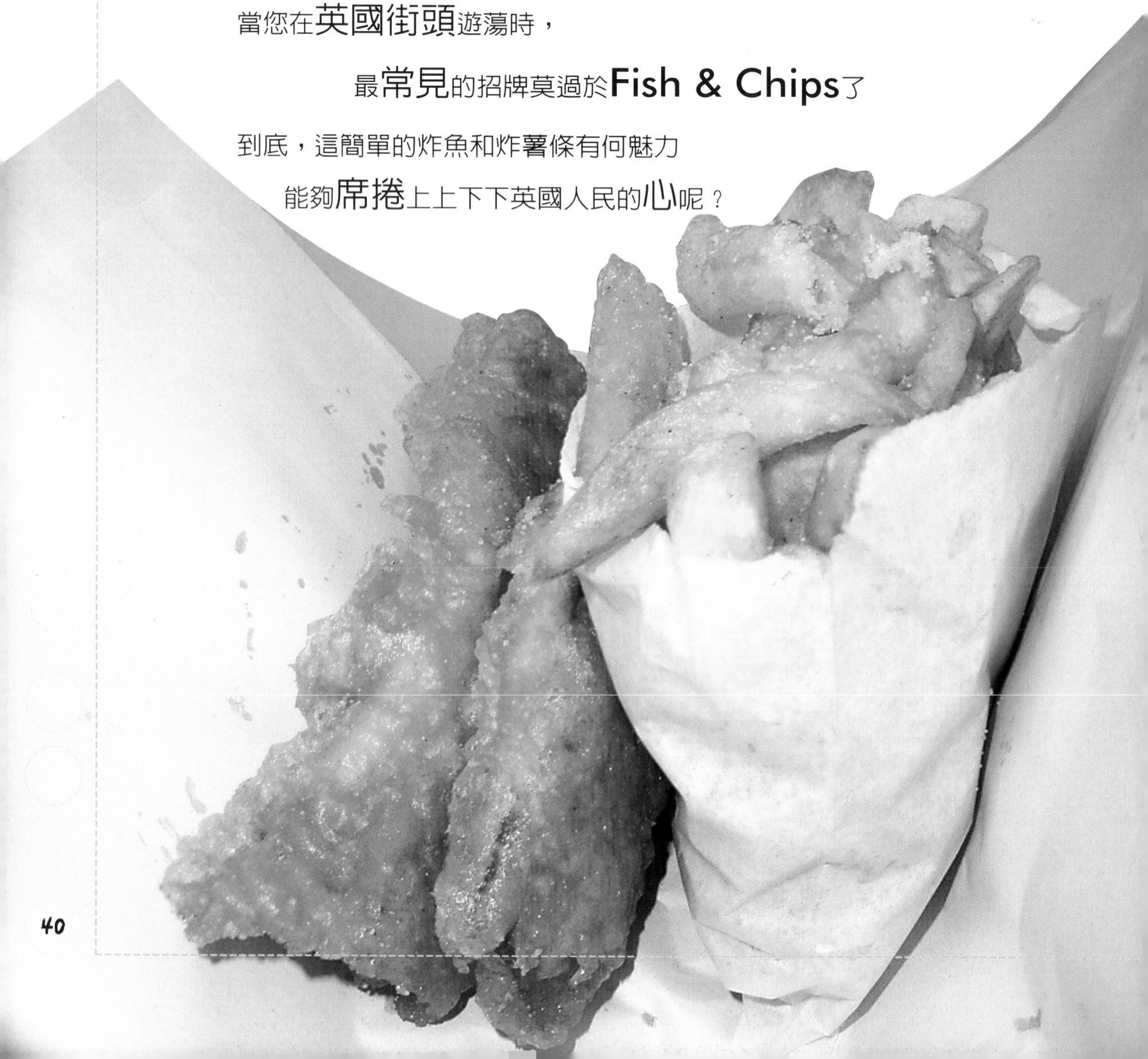

FISH & CHIPS

▲大街小巷隨處可見的炸魚與炸薯條招牌。

✻ 最道地的英國平民料理

在英國，幾乎每條大街小巷、大大小小的城鎮，一定都有Fish & Chips店。所謂Fish & Chips就是炸魚和炸薯條，這可說是英國人的國民食物。每逢假日或休閒時間，全家大大小小一起捧著炸魚和炸薯條，站在街角爭相搶食，或者是晚上到各家酒吧Clubbing後，也習慣買個炸魚和炸薯條來填填肚子。

炸魚和炸薯條，通常是鱈魚，細嫩的鱈魚肉質，裹上粉後酥炸，再配上香脆的薯條，剛炸好後熱熱的吃是最好吃的。炸魚和炸薯條不只是在外賣店才有，一般酒吧及餐館也都有這樣的餐點，這好像是英式餐廳必備的一道鎮店菜似的。

▲小小的鱈魚卵派，口感有別於大鱈魚塊。

一般外賣店除了炸魚和炸薯條外，更推薦鱈魚卵派(Cod Roe)，紮實的鱈魚卵製成圓形小塊派狀，新鮮現炸的鱈魚卵派通常需要等上2分鐘，不過這2分鐘絕對值得讓你等，濃郁的鱈魚卵配上香酥的外皮，那種香味在口與喉間迴盪，讓你真正見識到英國Fish & Chips外賣店的魅力。更完美的是，一般的炸鱈魚卵派都相當便宜，是兩餐之間想吃零嘴的最佳選擇，尤其在英國這種零嘴選擇不多的國家，更顯鱈魚卵派的珍貴啊！

除了鱈魚卵派，外賣店中除了薯條外，一般常見的蔬菜大概是醃漬小洋蔥，如果喜歡吃酸的食物，這倒是去除油炸食物的配菜。另外，一般也還有炸雞塊、炸雞腿、炸魚派(份量較小，價格大約都在1英鎊以下)等油炸食物。

◀一般炸魚與炸薯條店的擺設都相當的簡單、乾淨。

▶ 大排長龍的Fish & Chips外帶區，足見這家炸魚店在當地的受歡迎程度。

✲ 起鍋後5分鐘內享用滋味最棒

英國上上下下的炸魚與炸薯條店可說是數也數不清，如何辨別良好的炸魚店，最佳的辦法就是下午4點左右，到各條大街小巷走走看看，如果有看到大排長龍的炸魚店，那就八九不離十的好吃，因為這樣的店就表示是當地居民習慣購買的地方。而好的炸魚店，溫度的控制相當重要，觀看老闆溫度控制的態度，也可以判別出該店炸魚的好吃程度喔！

當然要吃到新鮮的炸魚，到英國各個靠海的城鎮旅遊時，更是不能錯過，像是南部赫斯汀(Hasting)的鱈魚就相當有名，舊城區的碼頭附近，有著許多炸魚店，可以看到許多英國人坐在戶外區，大口大口的享受鮮炸鱈魚的美味，而著名的外帶店，更是大排長龍等著鮮炸的鱈魚與薯條入口。

吃炸魚與炸薯條灑上鹽巴及醋可以更增添魚的鮮味與薯條的香酥感，而享用的最佳時機就是肚子有點餓時，捧著一份紙包起來的外帶炸魚與炸薯條，和朋友在5分鐘內將它解決掉。最主要的是因為從第6分鐘起，炸魚和炸薯條的鮮美就會開始消逝在塵囂中，這樣的炸魚和炸薯條就無法讓人體會到它的魅力了！

◀ 輕鬆愉悅的戶外座位區，可以一面欣賞海景一面享受炸魚的鮮美。

經典店家推薦

*1 **赫斯汀藍海豚(Blue Dophin, Hasting)** >> 較屬於小吃店的型態，但是看到老闆忙碌的手腳及店內店外大排長龍的客人，就可看出這家炸魚與炸薯條店在當地受歡迎的程度。

這家店提供外帶與內用的服務，外帶通常都需要等待，不過風趣的老闆即使很忙碌，也還不忘與客人聊天、開玩笑，而且他們的速度很快，通常並不會等太久。另外，相當推薦它的炸鱈魚卵派(1英鎊)，而最受歡迎的炸鱈魚排與薯條，份量相當大，一份為2.70英鎊。

▲認真為炸魚與炸薯條調味的英國人。

*2 **The Mermaid海鮮餐廳** >> 同樣是在赫斯汀碼頭區的海鮮餐廳，這家的型態較為海濱渡假餐廳的感覺，同樣相當受歡迎。炸魚和炸薯條也是店內最受歡迎的餐點(5.25英鎊)。如果想要享受較為精緻的炸魚和炸薯條，這家是當地相當好的選擇。

*3 **海殼(Sea Shell)** >> 這是倫敦市區內相當受歡迎的海鮮餐廳，在餐廳側面設有炸魚和炸薯條外帶區。由於店內海鮮豐富又新鮮，所以在倫敦地區相當著名。價位大約為7英鎊以上，雖然說比一般的外帶店貴，不過卻可嚐到許多不同口味的炸魚餐。

DATA >>>

*1
61b High St. Hasting
(01424) 425 778

*2
Rock-a-Nore, Hasting
(01424) 438 100

*3
49-51 Lisson Grove (地鐵站：Marylebone)
(020)7224 9000
星期一~星期六12:00~14:30，17:00~22:30，星期六12:00~22:30，星期日休息

▲典型的英國天氣，是陽光、是烏雲、卻也是藍天。

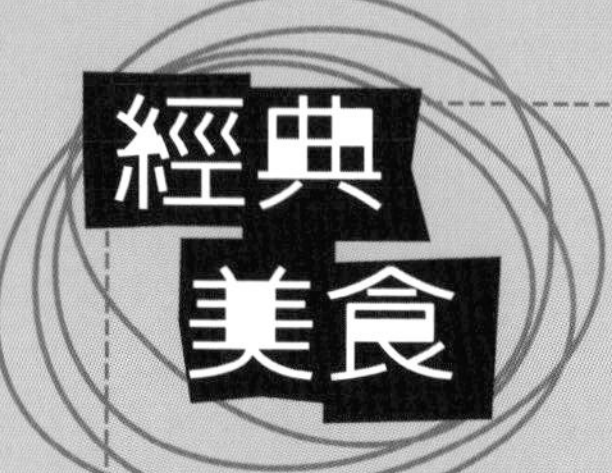

地點：歐洲／英國　文字·攝影：吳靜雯

經典美食

在Pub中感受道地英國生活

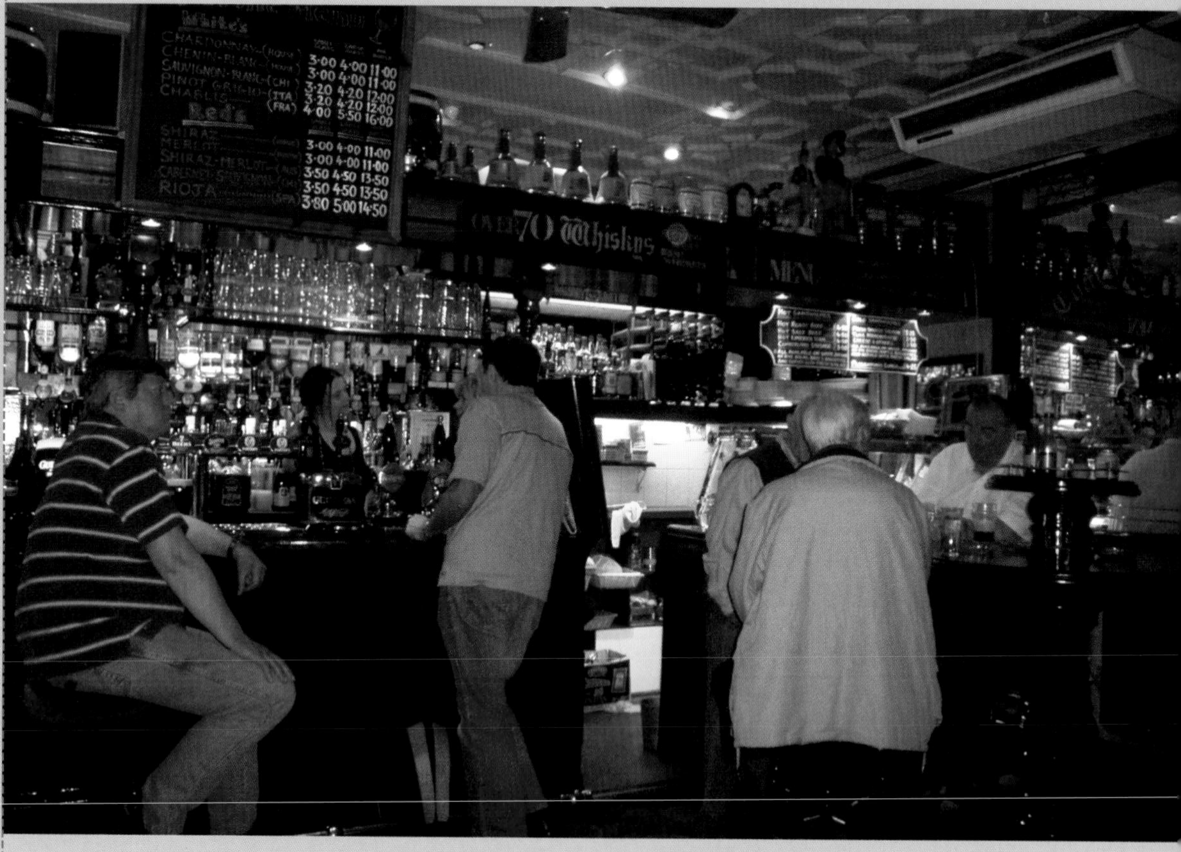

▶英式酒吧就好比東方人的大樹下，是街坊鄰居幾十年的好朋友。

Pub，有如英國的生命之泉，沒有了酒吧

英國就好像**失去了**生存的活力似的，英國酒吧就好比法國的沙龍

義大利的咖啡館，都是**充滿生命力**，孕育出無數文豪、藝術家的地方

▲吧台上各種啤酒頭，注上一杯最新鮮的啤酒，讓客人歡樂暢飲。

＊羅馬時代即已開始發展的pub文化

酒吧其實源自公元前的羅馬時代，剛鋪設好的馬路旁，陸續出現為旅人所開設的旅館，而這些旅館也逐漸提供一些娛樂與餐飲服務，酒吧的雛型就是這樣形成的。後來到了11世紀，開始有一些專供酒飲的「Ale House(酒館)」及供應酒與餐點的「Tavern(客棧)」。18世紀及19世紀的交通變革，來來往往的旅人，更讓這些場所演變成一般大眾聚集的地方，供應酒、餐飲及各種娛樂設施，後來這些地方都統稱為「Public House」，也就是現今大家口中的「Pub」。

目前英國的酒吧可分為兩種型態，一種是較為傳統的「Pub」，而另一種則是可定義為現代Pub的「Bar」，Pub是比較傳統、家庭式的感覺。而Bar則為較時髦、現代化的設計，就連音樂與酒品也較為多樣化，因此Bar的族群會比較年輕、當然也較為瘋狂。

＊各式酒類與大眾化料理

一般的Pub都不單只是供應酒而已，通常也有一些英國人常吃的道地食物，像是最大眾化的炸魚和炸薯條(Fish & Chips)、牛肉腰子派(Steak & Kidney Pie)、烤肉餐(通常有烤雞、烤羊肉、烤牛肉)等。

而品酒方面更是酒吧的重點，以啤酒來講，英國人都習慣喝桶裝啤酒，所以通常吧台上設有各品牌的啤酒頭，以供應最新鮮的啤酒。啤酒方面大體上可分為三種：Stout(黑啤酒)、Bitter(青啤酒)、及適合冰涼暢飲的Larger啤酒。

除了啤酒之外，當然還有許多其他酒類，通常吧台後面所陳列的就是店內所提供的各式酒品，像是威士忌、伏特加、葡萄酒、白蘭地等。當然酒吧的樂趣最主要還是在於三五好友的相聚，所以他們也供應一些不含酒精的調酒或飲料，最重要的是讓客人能夠盡情享受在酒吧中的歡樂氣氛。

▲周日的烤肉大餐，給你一星期滿滿的工作精力。

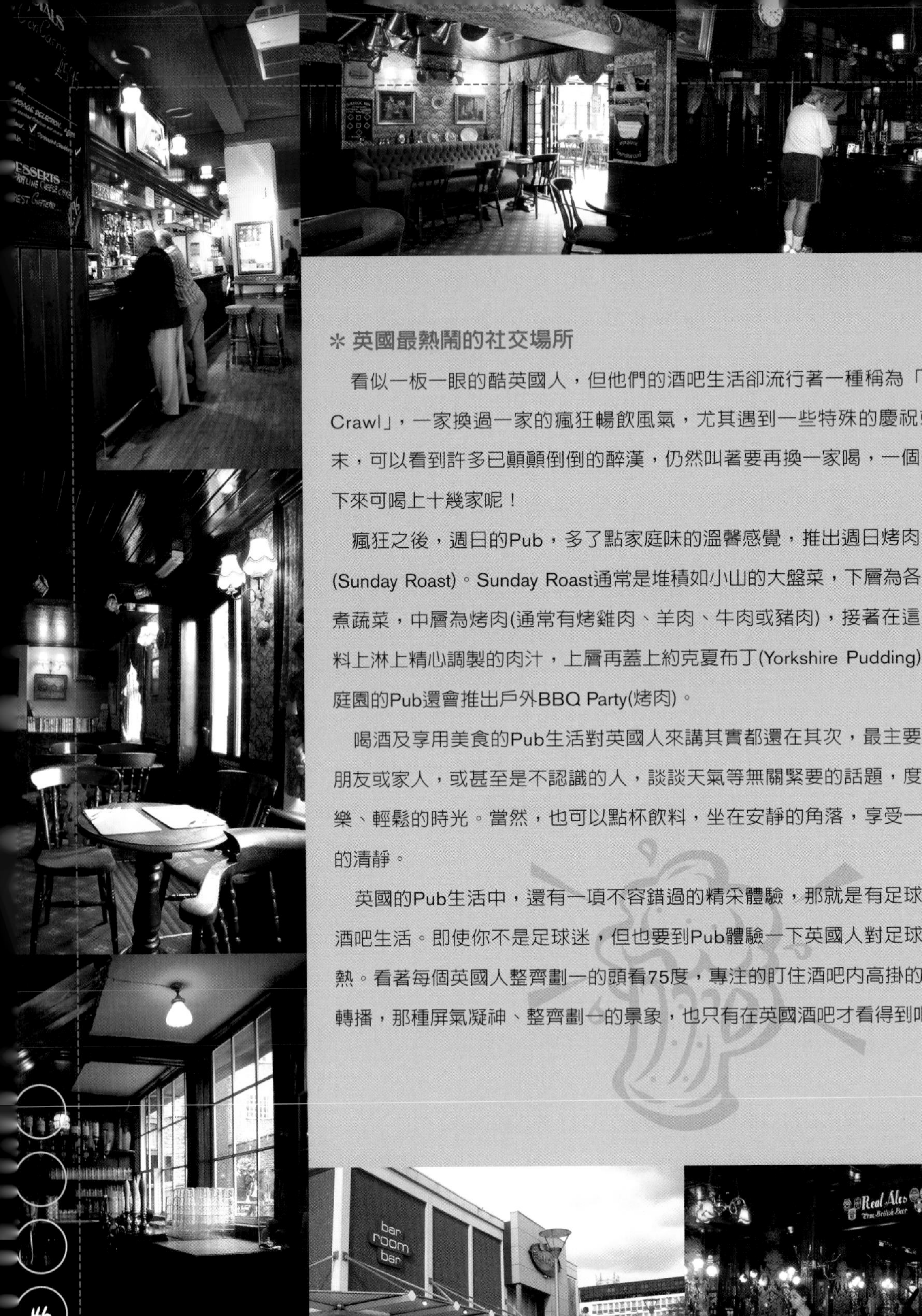

＊英國最熱鬧的社交場所

看似一板一眼的酷英國人，但他們的酒吧生活卻流行著一種稱為「Pub Crawl」，一家換過一家的瘋狂暢飲風氣，尤其遇到一些特殊的慶祝或週末，可以看到許多已顛顛倒倒的醉漢，仍然叫著要再換一家喝，一個晚上下來可喝上十幾家呢！

瘋狂之後，週日的Pub，多了點家庭味的溫馨感覺，推出週日烤肉大餐(Sunday Roast)。Sunday Roast通常是堆積如小山的大盤菜，下層為各種水煮蔬菜，中層為烤肉(通常有烤雞肉、羊肉、牛肉或豬肉)，接著在這些材料上淋上精心調製的肉汁，上層再蓋上約克夏布丁(Yorkshire Pudding)；有庭園的Pub還會推出戶外BBQ Party(烤肉)。

喝酒及享用美食的Pub生活對英國人來講其實都還在其次，最主要是與朋友或家人，或甚至是不認識的人，談談天氣等無關緊要的話題，度過歡樂、輕鬆的時光。當然，也可以點杯飲料，坐在安靜的角落，享受一個人的清靜。

英國的Pub生活中，還有一項不容錯過的精采體驗，那就是有足球賽的酒吧生活。即使你不是足球迷，但也要到Pub體驗一下英國人對足球的狂熱。看著每個英國人整齊劃一的頭看75度，專注的盯住酒吧內高掛的電視轉播，那種屏氣凝神、整齊劃一的景象，也只有在英國酒吧才看得到吧！

※1 喬治旅館(George Inn) >> 位於倫敦橋附近的喬治旅館，白黑色調的17世紀古建築，是倫敦市區內唯一僅存的馬車客棧。目前由國家信託(National Trust)保管這棟古建築。你可以選擇坐在酒吧內細細品味老建築，也可以選擇坐在戶外座位區，享受陽光的洗禮。

※2 Ye Olde Cheshire Cheese酒吧 >> 這家位於西堤區的酒吧，已經有300多年的歷史，招待過許多著名的人士，更收藏著許多名人的遺物，像是著名作家狄更生(Dickens)、詩人波普(Pope)等。百年不變的酒吧味及客棧風情，是這家酒吧最迷人的地方。

※3 Sherlock Holmes福爾摩斯酒吧 >> 這是福爾摩斯迷所不能錯過的酒吧，整家酒吧以福爾摩斯為佈置主題。它一直都是倫敦市內相當受歡迎的酒吧，除了一般酒吧的歡樂氣氛外，更增添了一份神迷的偵探感。

※4 北愛爾蘭皇冠酒吧(Crown Liquor Saloon) >> 愛爾蘭的酒吧可是世界有名的，而這家位於北愛爾蘭首都貝爾法斯特的百年酒吧，建立於西元1826年，是貝爾法斯特市最知名的地標。維多利亞式建築，內部是最精緻的花磚、手工木製品及玻璃藝品。

美食辭典 約克夏布丁(Yorkshire Pudding)

稱之為布丁其實只是取自它的形狀，約克夏布丁本身是一種沒有味道的烤麵包，外酥內軟，道地的吃法是沾上肉汁一起食用。

DATA >>>

※1
- 75-77 Borouge High St. (地鐵站：London Bridge)
- (020)7407 2056
- 星期一～星期六11:00～17:00、星期日12:00～22:30

※2
- 145 Fleet St. London (地鐵站：Blackfriars)
- (020) 7353 6170
- 星期一～星期五11:30～23:00；星期六1200～15:00、18:00～23:00；星期日12:30～14:30

※3
- 10 Northumberland St. London (地鐵站：Charing Corss)
- (020) 7930 2644
- 星期一～星期五11:00～23:00，星期日12:00～22:30

※4
- 46 Great Victoria St.
- (028) 9027 9901
- 星期一～星期六11:30～午夜，星期日12:30～22:00
- www.crownbar.com
- enquiriesni@nationaltrust.org.uk

地點：歐洲／英國　　文字・攝影：吳靜雯

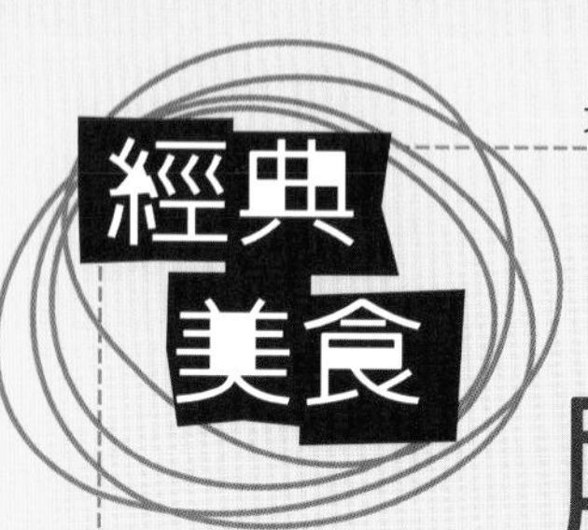

展現優雅氣質的英國下午茶

下午茶飲用風氣早已風行全球
但正宗**始祖**可是**英國**
既然有機會造訪英國
當然要來**體驗一下**
正宗茶點的美味
以及無法取代的**悠閒**氣氛！

▲傳統的英式三層午茶套餐，讓你一次嚐盡最美味的英式茶點。

＊源自19世紀貴族的下午茶

早在19世紀時，有位公爵夫人覺得應該在午餐與晚餐漫長的時間裡吃點東西，於是她突發奇想地發明了下午茶，後來其他王公貴族也紛紛效仿這樣的做法，下午茶的習俗就這樣從英國的上層階級傳遍整個國家。而當時的沙龍與茶室都是文人雅士聚集的場所，所以這樣的飲食習慣也在這些地方最為盛行。

英國人習慣下午3:30～5:00左右喝下午茶，一到下午茶時間，大家紛紛放下手邊的工作，端杯茶及點心稍微休息一下。正式的下午茶則有著各式的茶飲及三層托盤點心。

在茶方面，英國人通稱的紅茶，其實包含許多不同的種類，最早英國人喝的茶是中國茶，後來陸續引進錫蘭及印度茶，慢慢成為英國的主要茶飲。市面上較常見的有香味較濃郁的錫蘭茶(Ceylon)、適合泡成奶茶的阿薩姆茶(Assam)、適合直接飲用或加上少許牛奶的大吉嶺茶(Darjeeling)、適合直接飲用的伯爵茶(Earl Gray)，以及可依喜好加上檸檬的中國茶及水果茶。

而點心方面，英國各地略有不同，通常包括香酥的鬆餅(Scone)，小黃瓜、起司及燻鮭魚等口味的一口三明治(Sandwich)，以及塗上奶油及蜂蜜小麥烤餅(Crumpet)。英格蘭西部的鬆餅通常塗上果醬與濃郁綿細的特製鮮奶油，英格蘭北部則以熱蘋果派及水果蛋糕為主，再配上約克著名的溫士列峽起司(Wensleydale)，威爾斯則有一種特別的威爾斯式麵包(Barra birth)，蘇格蘭還有著名的蘇格蘭牛油酥餅(Scottish shortbread)。

✲ 從貴族到平民都喜愛的下午茶

倫敦地區最著名的下午茶沙龍就屬麗池(Ritz)飯店，這裡提供你最貴族式的下午茶，整個裝潢充滿了英國上流階層的高雅氣氛，維多利亞式的華麗裝潢，優雅的氣氛，許多遊客拜訪倫敦時，總是不忘到這些地方享受最正宗的英式下午茶。而牛津的蘭道夫(The Randolph)則多了那麼一點老學鎮的學術氣息，在維多利亞式的優雅風味中，同樣可以享受最新鮮、最道地的英格蘭下午茶。另外有許多較為大眾化的咖啡館，像是聖詹姆士公園內的茶店，則可以在倫敦市區內享受到平價又有英國自然風味的下午茶。

▶英國南部的德聞郡及中部的科茲窩的大小城鎮，可說是享用英國庭園午茶的最佳地點。

＊午茶時光的幸福滋味

英式下午茶最棒的莫過於坐在英式花園環境下，享用豐富的下午茶，或是坐在高級飯店內的茶廳，品嚐著細心擺置在銀製三層架上的各式點心，體驗英國的貴氣。各家茶店慎選的茶飲及咖啡不在話下，不過，最大的特點更在於各家推出的手工英式鬆餅，好的鬆餅一口咬下去有種香酥爽口的感覺，塗上英國人相當講究的新鮮果醬與特製鮮奶油，是各種茶飲的最佳良伴。

此外，各家也會根據季節推出不同時節的水果蛋糕，巧克力蛋糕、蘿蔔蛋糕等，都是相當值得品嚐的。而三明治的部分，新鮮現做的蛋三明治以及燻鮭魚三明治，做成一口大小，或者只是簡單的小黃瓜，都能與特調的美乃滋完美地融入口中。

而在英國喝下午茶另一個在別處體驗不到的是，置身在滿室冠冕堂皇的英國腔環境下，即使只是老太太們高談各家八卦，都讓人感受到那麼一點皇家氣質！

經典店家推薦

＊1 **麗緻(Ritz)** >> 這是最典型的英國五星級飯店代表，也是許多人夢想品嚐下午茶的地方。不過，要在週末享用下午茶可要3個月前就事先預約，如果是平常日的話，則要1~2個星期前預約。沒有預約的話也可過去碰碰運氣，有時候還是會有位置的。下午茶價錢為34英鎊，包括4種傳統口味的三明治、鬆餅、及蛋糕茶點，當然還有麗緻飯店特選的茶或咖啡。

＊2 **蘭道夫飯店(The Randolph)** >> 位在學術氣息濃厚的牛津蘭道夫飯店，畫廳(Drawing Room)整天都提供傳統下午茶餐點，其簡單高雅的維多利亞風格，營造出相當舒適的午茶環境。這裡的下午茶份量可以點一份兩個人共同分享，價格合理、又可享受到高檔的午茶茶點。尤其要品嚐它新鮮的蛋三明治與鮭魚三明治，傳統下午茶套餐的蛋糕通常含有5種口味，相當推薦煎餅(flapjack)，香濃有味，一點也沒有甜膩感。

DATA >>>

＊1
- ✉ 150 Piccadilly (地鐵站：Green Park)
- ☎ (020)7493 8181
- FAX (020)7493 2687
- http www.theritzhotel.co.uk

＊2
- ✉ 1 Banbury Rd
- ☎ (0870)400 9090
- FAX (01865)791678
- http www.mcdonaldhotels.co.uk
- $ 傳統下午茶10.95英鎊、奶茶6.95英鎊、單點蛋糕2.25英鎊

1~2.福特南與梅生的古老商店，是倫敦御用茶店300多年的老字號。3.英國淑女與紳士，不論外表是多麼地高傲，卻都是那顆柔軟心靈的保護色。4.英格蘭地區香酥的手工鬆餅，配上特製的鮮奶油，讓你一口咬盡正統的英式下午茶。5~6.The Teahouse是倫敦地區最著名的茶店，販售各種飲茶用品、茶點。7.晴天的午後，許多英國人選擇坐在溫暖的陽光下，與三五好友享受午茶時光。

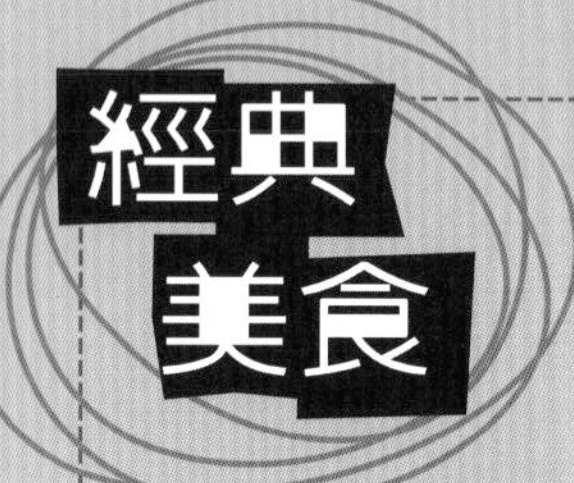

地點：歐洲／德國　文字・攝影：林呈謙

世界級啤酒之都──慕尼黑

德國巴伐利亞的**慕尼黑**
是德國主要的大城市
每年10月**啤酒節**的Oktoberfest美食
配上**暢飲**啤酒
正是開放卻不脫序
豪氣中帶著優雅的慕尼黑風情

＊豪邁暢飲的10月啤酒節Oktoberfest

巴伐利亞首府慕尼黑(英文Munich; 德文München)是德國的文化、旅遊、節慶的首都，也是工商業、經濟與學術的中心。正因這麼多的特質，慕尼黑成為世人心中德國的代表，可以說沒有到過慕尼黑，等於沒來過德國。除了聞名於世的職業足球隊常勝軍──拜揚慕尼黑隊、車迷夢想的BMW汽車之外，慕尼黑的巴伐利亞美食更是不能錯過。

每年9月中下旬到10月的第一個星期日止，數以百萬計的遊客湧入慕尼黑，將啤酒節場地Theresienwiese擠得水洩不通，16天下來，要喝掉近1千萬公升的啤酒！除了在啤酒屋內暢飲1公升的大杯啤酒(Mass)及配下酒菜外，整個場地都是園遊會的各類攤販以及為了啤酒節而架設的大型遊樂設施，當然大摩天輪更成為許多遊客必定一遊體驗的設施。

▲坐在戶外大口享用啤酒，最是過癮。

＊戶外花園喝啤酒最道地

啤酒花園Biergarten或啤酒屋Bräuhaus是慕尼黑的特色，也是慕尼黑的靈魂，最有名的啤酒餐廳是位於主大街Neuhauserstrasse上的Augustiner Keller。這些啤酒餐廳的共同點是只供應自家釀造、最自豪、最新鮮的啤酒！而最棒的享受方式，當然是在充滿休閒風的啤酒屋或戶外啤酒花園，坐在長板凳上，大口大口地暢飲，並感受當地的豪情。就算不是啤酒節的期間前來，也一樣可以暢快的享受大口喝啤酒的滋味與氣氛。

位於市中心東北方的英國花園 Englischer Garten是一大片一望無際的草地與廣闊的樹林。夏日豔陽高照的午後，滿是享受日光浴的民眾，但是來到英國花園的目的絕不是看人日光浴，最有意思的莫過於這裡坐在簡單的木桌與長板凳上，享受啤酒花園的熱情Biergarten其中最有名的景點是「中國塔Chinesisches Turm」， 在此常有Live Band，更可感受熱鬧與休閒的氣氛！

＊搭配啤酒的最佳下酒菜

點完啤酒後，當然少不了來個下酒菜，最常見的是鹹捲麵包，蘿蔔類亦很對味，有種紅皮小白蘿蔔Radischen，口感十分香甜，若用切片白蘿蔔，加幾片德國麵包，塗上抹醬、灑上細蔥，就是完美的啤酒餐了！乾杯Prost！

在巴伐利亞除了三餐之外，還有「Brotzeit」，直譯為麵包時間，其實為輕膳，當午餐、午後吃，甚至晚上吃皆可，內容主要有慕尼黑白腸，很香的鹹捲麵包，當然，配啤酒絕對是對味的！

舉世聞名的德國豬腳Schweinehaxe，也是德國另一知名料理，也是搭配啤酒的好菜色。在巴伐利亞的烹調法是火烤的豬大腿，皮烤得香脆可口，肥肉的脂肪已經烤掉，美味全留給滑嫩的瘦肉， 所以份量十足，附餐則通常搭配香Q的巴伐利亞馬鈴薯球Kartoffelknödel以及加入白酒醃漬的德式酸白菜Sauerkraut。此外，肝丸子湯Leberknödelsuppe亦值得品嚐，此湯口味較重，肝臟野味十足，再用香料草調味，十分美味。

▶慕尼黑白腸是搭配啤酒的好伙伴。

1.灑上細蔥的德國麵包是最佳的下酒菜。。2.這是在當地頗受歡迎的啤酒之一。3.在啤酒節期間，露天座位經常是人滿為患。4.一邊喝啤酒；一邊欣賞路過的行人，是在露天座位區才有的樂趣。

經典店家推薦

*1 **Augustiner Keller >>** 此餐廳座位極多，有好多個廳堂，個個都充滿濃濃的巴伐利亞風。食物種類多且樣樣都是巴伐利亞或德國的經典，其啤酒花園，可容納千人。在慕尼黑郊外亦有其另一餐廳。

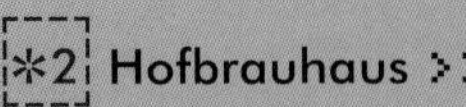

*2 **Hofbrauhaus >>** 亦位於市中心，已有4百多年歷史，是觀光客的朝聖地，當然也頗受當地人歡迎。又因有巴伐利亞傳統音樂，數千名饕客與遊客，天天在這裡飲酒作樂，夜夜笙歌。

*3 **Spatenhaus >>** 位於歌劇院前，品味極佳。此餐廳位於精品區，離精品街Maximilianstrasse亦近，坐在戶外看高雅的路人，十分愉悅。

*4 **Donisl >>** 位於市政廳旁的大型啤酒餐廳，對觀光客而言，地點十分方便，坐在戶外或室內都很舒服。

美食辭典 德國啤酒的種類

一杯啤酒通常為0.5l (500C)，喝完再續點，若點1公升的Mass但卻喝的太慢，後來口感則會變差。以下幾個字供點啤酒之參考：

Dunkelbier	深色的黑啤酒
Hellbier	顏色較淡的
Pils	未發酵完全的
Weizenbier	加小麥的啤酒
Hefeweizen	加酵母，有另一種香味
Radler	加汽水而有甜味的淡啤酒
Alkoholfreies Bier	無酒精啤酒

◀ 肝丸子湯是德國餐廳常見的家常料理。

DATA >>>

*1
Arnulfstr. 52
+49 (0)89 594393

*2
Am Platzl 9
+49 (0)89 221676

*3
Residenzstr. 12
+49 (0)89 2907060

歐洲

德國

地點：歐洲／西班牙　　文字・攝影：王瑤琴

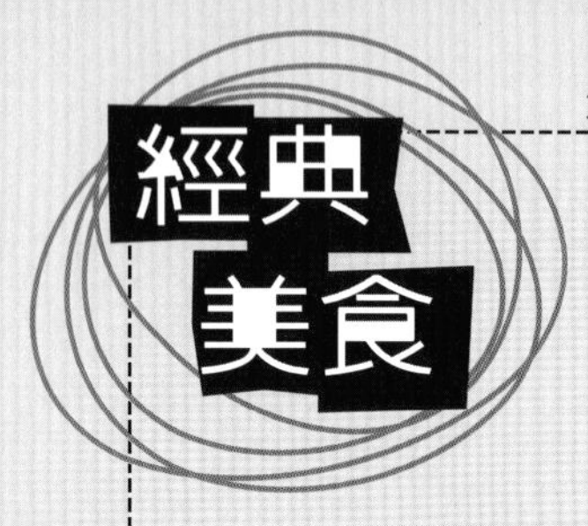

其貌不揚的西班牙平民美味—墨魚海鮮飯

在**西班牙**

當然不能錯過著名的海鮮飯(Paella)

但是**除了海鮮飯以外**

還有一道看起來黑黑的

墨魚海鮮飯(arroz nergro)

雖然外觀有點**嚇人**

不過吃起來卻十分美味，值得品嚐

✻ 整個西班牙都能嚐到的美味

海鮮飯和墨魚飯雖為安達魯西亞的特色菜，但是在西班牙全國都可吃到。這種墨魚飯看起來好像食材簡單，但是卻加入多種海鮮和香料，其烹調過程包括炒、燴、燜等3步驟，一點也不輸給西班牙海鮮飯。

墨魚海鮮飯的煮法是用一具鐵製的鍋子，將蝦子、墨魚、蟹肉、鯰魚或鯛魚片、蛤蜊或淡菜……等多種海鮮，加入雞腿肉、蕃茄、甜椒、花椰菜、大蒜、洋蔥、香料……等，以慢火熬煮成高湯。

接著從高湯中挑出海鮮，倒進約5分熟的長米飯，以及墨魚汁、橄欖油、黑胡椒、鹽巴……等，用熱火邊炒邊攪拌、直到米飯和墨魚汁完全融合，然後再以慢火燜煮15～20分；最後放入海鮮、淡菜快炒幾下，並且淋上檸檬汁或放幾片檸檬即可上桌。

墨魚飯具有西班牙海鮮飯的精神，但是賣

相比較奇特，吃完之後牙齒立刻染成黑色。不過這道墨魚飯的鍋巴比較薄、米心也比較熟，比起粒粒分明的海鮮飯反而容易入口；品嚐時可搭配白酒或果汁一起享用。

＊由叉子數量判斷餐廳等級

在西班牙，到處都有供應海鮮飯、墨魚飯的餐廳或酒館。有些餐廳擁有悠久的歷史，以堅持傳統的美味吸引名人或老饕前往；有的餐廳則以年輕族群為訴求，供應價廉味美的套餐或下酒菜。

西班牙各地的餐廳，多半具有輕鬆的氣氛，只有少數高級餐廳必須穿著正式服裝前往用餐。西班牙餐廳的等級是用叉子作為標示，其中5支叉子為高級餐廳，1支叉子代表第4級餐廳。

在馬德里市區，餐廳和小菜酒吧多半集中於馬幼廣場、太陽門廣場一帶；此地的高級餐廳消費並不便宜，所以被評比為2、3支叉子的餐廳最普遍、也最受歡迎。

夏季期間，西班牙的餐廳多將桌椅擺設到廣場、花園、中庭或陽台，讓客人一邊用餐、一邊享受陽光。由於西班牙人用餐時間比較晚，所以大部分的餐廳都營業至午夜或凌晨左右。

arroz negro

◀ 在西班牙南部的塞維亞地區，可以一面品嚐美食，一面觀賞佛朗明哥舞蹈。

arroz
nergro

arroz
nergro

＊品嚐後小心滿嘴的黑牙

在西班牙吃墨魚海鮮飯，我喜歡先用湯匙均勻地攪拌一下，這時可以透過熱騰騰的米飯聞到海鮮和墨魚汁混合的香味，使人食慾大增。

西班牙餐廳供應的墨魚海鮮飯份量很多，通常一個女生是吃不完的。因此品嚐墨魚飯時，我會將米飯從鐵鍋內挖到一只小盤子，等吃完後再挖第二盤。

墨魚海鮮飯入口之後，可以咀嚼到軟硬適中的米粒和米心，同時湯汁中也夾雜著濃郁的蒜香，因此吃起來並沒有一般海鮮的腥味。

這種墨魚海鮮飯吃完後，只要一張開嘴巴就可看到自己滿口黑牙的模樣；以前我都奉勸別人約會時千萬不要點這道菜餚，但是後來我與三兩好友一起品嚐，飯後還可互相調侃對方的黑牙，反倒增添不少趣味話題。

▶ 西班牙各地的餐館都會將桌椅搬到外面，以供遊客用餐兼曬太陽。

經典店家推薦

※1 **Botin (馬德里) >>** 位於馬德里市中心的知名餐廳之一，這家餐廳雖以烤乳豬和烤羔羊聞名，但是在此也可吃到墨魚海鮮飯。

此餐廳除了一樓和二樓設有座位以外，比較特殊的是位於地下室的酒窖餐廳，保留有昔日酒窖的石造拱頂和牆壁，頗具歷史古味。

※2 **La Barraca (馬德里) >>** 距離名牌林立的古蘭大道不遠，是馬德里市區人氣餐廳之一。這家餐廳主要供應種類多樣的米飯料理和海鮮飯，由於食材新鮮、價位中等，頗受當地人喜愛。

※3 **Hosteria del Laurel(塞維亞) >>** 同名旅館所附設的餐廳，內部掛滿煙燻火腿，夏季期間、會將桌椅擺設於戶外，讓客人一邊用餐、一邊曬太陽或欣賞夜景。這家餐廳兼旅館的歷史相當久遠，據說西元1844年，Don Jose Zorrilla抵達塞維亞時，即住宿於此旅館，當時他被這裡的特殊氛圍所吸引，因此創造出書中的主角 — 唐璜(Don Juan Tenorio)。此餐廳雖以火腿小菜和肉類料理為名，但是也吃到西班牙海鮮飯和墨魚飯等。

DATA >>>

※1
- 地址：Cuchilleros 17, Madrid
- 電話：91-366-4217
- 時間：13:00～16:00、20:00～00:00
- 交通：搭乘地下鐵L1、L2、L3 線，在Sol站下車，步行約10～15分鐘

※2
- 地址：Calle de la Reina 29, Madrid
- 電話：91-532-7154
- 時間：12:00～16:00、20:00～00:00
- 交通：搭乘地下鐵L2線，在Gran Via站下車，步行約10分鐘

※3
- 地址：Plaza de Los Venerables 5,Sevilla
- 電話：954-220-295
- 時間：12:00～16:00、20:00～00:00
- 交通：從塞維亞巴士站步行約15～20分鐘

▼馬德里的太陽門廣場周邊餐館林立，可以品嚐到墨魚海鮮飯和各式各樣的美食。

地點：歐洲／西班牙　　文字・攝影：楊鎮榮

時髦的開胃菜 西班牙TAPAS

▲三五好友聚餐時，最適合來點小酒助興。

Tapas是西班牙
開胃菜的通稱
目前儼然已經成為「輕食」的最佳代表
小巧的份量
不受時間、地點
與用餐禮儀的拘束
隨時都可在餐廳內品嚐
是Tapas受歡迎的原因之一

＊ 國王的禁令 讓Tapas從此誕生

據說在13世紀的時候，在西班牙地區有位智者國王Alfonso Ⅹ為了解決居民喝酒而衍生出的不少社會問題，所以頒布了一條法令：禁止所有旅館或客棧單獨供應酒類給沒有點餐的客人。腦筋動得快的這些旅館與客棧業者為了讓生意不受影響，於是開始供應一些簡單的食物，例如麵包、乳酪、血腸……等等，而且全天候提供點餐的服務，好讓顧客可以一邊喝酒一邊吃些小點心，這也成了Tapas的源起。

而隨著工業時代的興起，大多數的人工作時間延長，生活與飲食習慣也因此逐漸改變，為了更有效率，隨時可以點餐享用的Tapas就更為普及與受到歡迎，餐廳業者也無不絞盡腦汁發展各種新的菜色。時至今日，Tapas已經成為西班牙料理中一項特色鮮明、種類繁多的菜系，尤其是近幾年，全球興起一股「輕食風潮」，Tapas挾著豐富多樣又方便的特點，成為輕食最佳代表的食物！

＊ 有點餓又不會太餓的時候最適合吃

通常食用Tapas的時機，多半是在下午用過午餐、還未到晚餐前的這段時間，有點餓

◀藝術氣息濃厚的奎爾公園。

又不是太餓的時候，最適合去小酒館或咖啡廳，點上一兩份Tapas，再搭配著飲料一起食用。講究的人，還會選擇不同的飲料來搭配Tapas，常見的有啤酒、葡萄酒、苦艾酒等，若是不喜歡喝酒的人，可樂等清涼飲料也很適合。

不過隨著這幾年健康飲食的風潮不斷蔓延，Tapas也逐漸從配酒的小點心轉變為正餐，許多人開始將Tapas的菜色當成午餐或晚餐來享用，而專賣Tapas的餐廳也因此應運而生。份量小、種類多的特色，正好可以滿足許多人喜歡嚐新、卻又不想吃太飽的心態，而且和三五好友一起，站在小酒館內的吧台前一邊喝酒聊天、一邊享用各種菜色，輕鬆、毫無拘束的用餐氣氛，也是Tapas會廣受歡迎的原因。

✻ 豐富的菜色 永遠嚐不膩

Tapas的菜色種類相當繁多，而且冷、熱食皆有，除了常見的沙拉、麵包之外，比較具有知名度的菜色如馬鈴薯蛋餅、炸墨魚、生火腿肉、燉蝸牛、鰻魚苗……等等，可說是琳瑯滿目，而且因為地區食才與烹調方式的不同，每家餐廳多半會有屬於自家獨特口味的招牌Tapas料理，如果沒有特殊的飲食習慣，不妨可請餐廳侍者推薦。很多地方的Tapas專賣店還會將大部分的菜色放在櫥窗內，供顧客觀看選用，或者是將每道料理的照片放在菜單上，點餐可說是相當方便。

對大多數的台灣遊客而言，食量通常比西方人要來的小，如果是在西班牙的餐廳吃一整套的晚餐，可能主菜還沒上就已經飽了。因此Tapas或許是更佳的用餐選擇，以4個人來說的話，可以點個3～4種不同的Tapas，再搭配1～2份西班牙海鮮飯或其他肉類主食，份量剛剛好又可嚐到多種口味，再恰當也不過了。

◀▲琳瑯滿目的各種開胃菜，讓人忍不住食指大動。

經典店家推薦

＊1 Moncho's >> 這是一間吃到飽的連鎖型餐廳，在馬德里、巴塞隆納等城市都設有分店。餐廳內通常都會有數十道的Tapas以自助式的型態供顧客自行選用。而主菜則以燒烤料理為主，主廚會拿著燒烤好的肉串到桌邊進行服務。

＊2 4 CATS >> 位於巴塞隆納的4 CATS是一家具有歷史、知名度很高的BAR，畢卡索也曾經是這裡的老主顧。這裡現今仍有許多藝術家喜歡聚集在這裡，一邊喝啤酒、享用Tapas；一邊暢談藝術理念。

＊3 Tapa Tapa >> 從店名就不難猜想這是一家Tapas的專賣店，裡面供應種類豐富的各種冷、熱Tapas，很受當地人與遊客的歡迎。

DATA>>>

＊1

馬德里

Orense.66 28020 Madrid

570 00 06

巴塞隆納

Ronda Litoral. 36 Playa Nova Icaria 08005 Barclona

221 14 01

＊2

Carrer Montsio 3-bis 08002 Barcelona

302 41 40

＊3

Passeig de gracia 44. 08007 Barcelona

488 33 69

美食辭典 Tapas代表性小點

Tapas種類繁多，而且在西班牙多半以西班牙文撰寫，因此以下特別提供給種較普遍也具有代表性的菜色原文，以供參考。

Tortilla de Patata　馬鈴薯蛋餅
Queso manchego　乳酪
Ensaladilla Rusa　俄羅斯沙拉
Gambas al Ajillo　大蒜蝦
Calamares a la Romana　炸墨魚
Chorizo frito　炸香腸
Jamon Serrano　生火腿肉
Pincho　串燒羊肉
Champinoes a la plancha　鐵板燒蘑菇
Caracoles Cocidos　燉蝸牛
Huevo duros con mayonesa　水煮蛋拌蛋黃醬

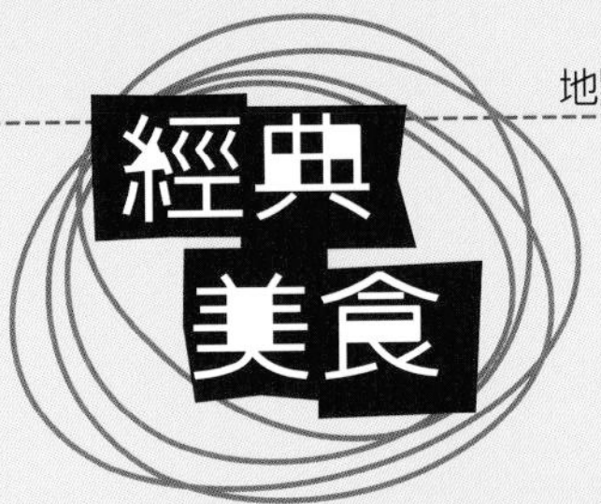

地點：歐洲／義大利　　文字・攝影：吳靜雯

▲懂得生活藝術，活得真、也活得美的義大利人。

最典型佛羅倫斯小吃──牛肚三明治

在佛羅倫斯，如果請
當地人推薦在地美味小吃
十有八九都會推薦你
這道牛肚三明治
而這三明治攤，也儼然成為
中央市場內最熱門的旅遊景點了

▲香脆的小圓麵包夾進入口即化、汁多美味的牛肚，是許多人最難以忘懷的義大利家鄉味。

＊觀光客與在地人都愛的美味

只要行經佛羅倫斯中央市場外的路邊攤，從遠處就會聞到一股相當誘人的香味，而這，就是最典型的佛羅倫斯路邊小吃—Panino Lampredotto(牛肚三明治)。

這家名為La Trippaina的小攤販，就位在佛羅倫斯中央市場外，與Via S. Antonino巷道相接的路口，由熱情的義大利老闆娘Signora Cristina掌廚，可是佛羅倫斯最有名的牛肚攤。小吃攤的熱門程度，吸引相當多東方遊客爭相照相，連老闆娘自己都開玩笑地說，哪天她到日本玩，可能有些日本人會認出她就是佛羅倫斯那位賣牛肚三明治的義大利媽媽呢！

◀開朗的義大利媽媽，在這裡招待來自世界各地的老饕。

小小的白色餐車攤販，販售世界上最美味的牛肚三明治(老闆娘特別交代要寫的！)。以獨家口味的義大利滷汁，滷出入口即化的牛肚。當它還是熱騰騰的從鍋中撈起時，快速切成小薄片，夾在香脆的義大利圓麵包內，再淋上令人垂涎三尺的魯汁及特調綠醬，敢吃辣的不妨再配上一點點紅辣醬，更加美味。這種三明治趁熱吃最好吃了，而當你大口咬上一口後，是義大利圓麵包的嚼勁，是最純樸的義大利麵包味，搭配綿細、汁多美味的牛肚，更為洽當！義大利媽媽的巧手，將牛肚處理得相當好，完全沒有任何腥味，絕對只會讓你的大腦發出：「好吃！好吃！」的訊號。

＊令許多義大利人魂縈夢牽

話說這種三明治從二次世界大戰前就已經有了，是相當典型的佛羅倫斯外食餐點，一開始只是在麵包上灑上一些橄欖油及鹽巴，後來慢慢演變成牛肚及牛肉三明治。這樣的三明治也只有在佛羅倫斯地區才吃得到，也由於是外食餐點，所以想要在餐廳坐下來吃還很難找得到呢，這樣的人間美味可只能在大街小巷，普羅大衆最常去的地方才吃得到。要嘛，最好不要嘗試，要嘛，就要準備往後魂牽夢縈的日子。它，很可能就是你義大利最美麗的回憶！

1.遠近馳名的小餐車，就連東方遊客都檔不住它的美味。2.夏季的佛羅倫斯是最活潑的城市，走在街頭，大人小孩都抵擋不了這股歡樂的氣息。3.位在佛羅倫斯市場外，Via S. Antonino街角的名小吃攤。4.配上杯義大利的美酒，這裡的牛肚或牛肉即是最佳的下酒菜。5.剛從鍋中撈起的牛肚，快速切成小塊後，夾入麵包，再淋上清爽的特調綠醬！

✻ 搭配美酒 滋味更棒

吃這種三明治最適合配義大利美酒，所以小餐車也有販售紅、白酒，而且價錢相當便宜，一杯小酒只要價0.60歐元，老闆娘還特別交代，可別在這裡點卡布奇諾(Capuccino)，許多東方人都習慣喝Capuccino，所以也要點杯來配三明治，可是對義大利人來講，Capuccino是早餐或肚子餓時喝的飲料，配餐點的話，並不是相當有助於消化的選擇。所以吃牛肚三明治時，不妨點杯小酒配菜，辣辣的牛肚，可是特別下酒！(小餐車只販售義大利的維生飲品café，也就是我們的濃縮咖啡。)

小餐車除了有牛肚三明治外，還有牛肉三明治的選擇，同樣地美味。你可能只能像牛一樣擁有四個胃才能塞進這麼多的美食囉！此外，如果不想吃麵包，只想單享用牛肚或牛肉，也可以單點盒裝的牛肚或牛肉。離開佛羅倫斯前，記得多買幾盒，免得開了很長的路後，又再度回頭，就單只為了再一嚐這別處找不到的美食！

DATA >>>

La Trippaina

✉ 佛羅倫斯中央市場外Via S. Antonino街角(約在整排紀念品攤位的中間路段)

🕘 09:00～19:30

地點：歐洲／義大利　　文字・攝影：吳靜雯

特色餐廳

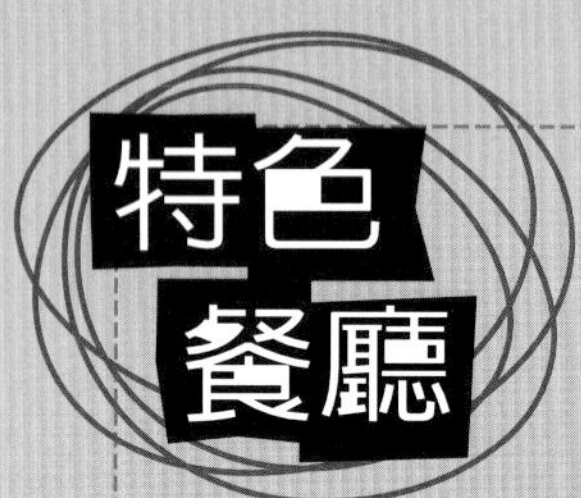

人稱第一名的佛羅倫斯牛排

Parione Trattoria

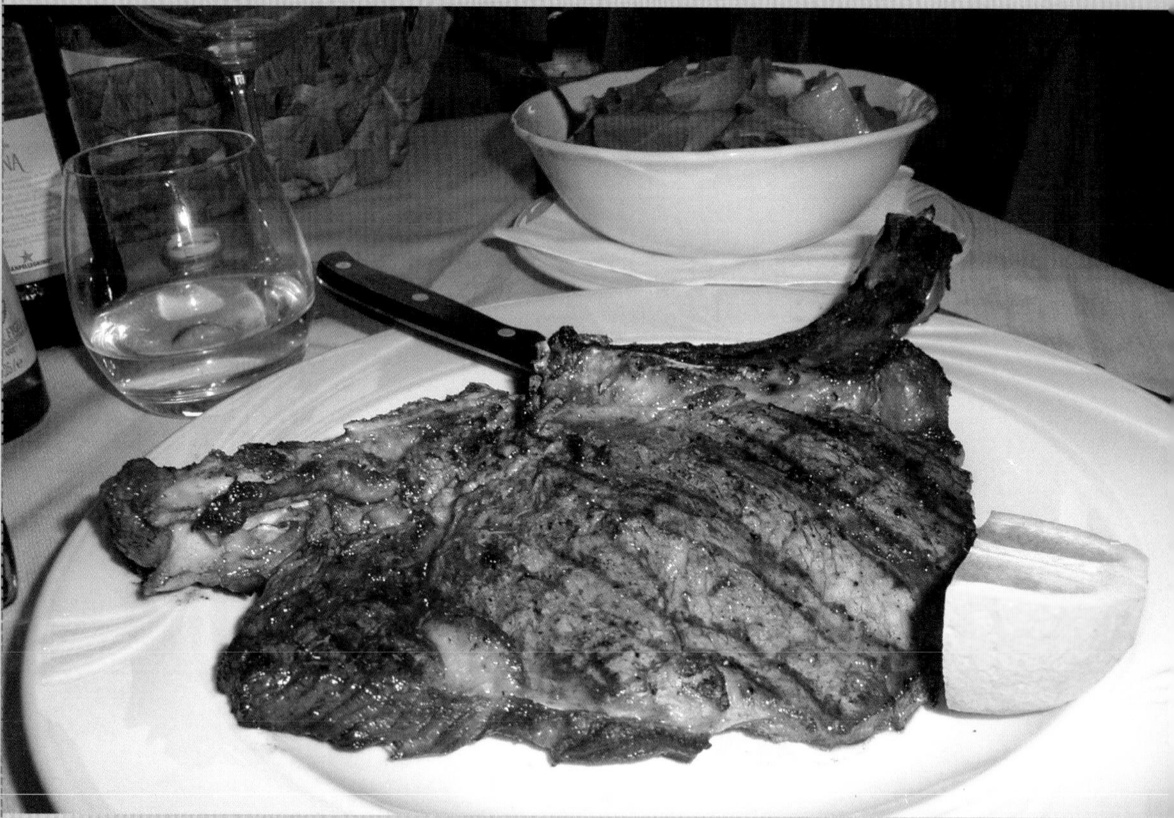

就算在毫不知情的情況下來到**佛羅倫斯**

也很難不去發現**滿街的餐廳**幾乎都有**牛排**這道料理

而這可是擄獲不少觀光客的**道地招牌菜**喔！

✻ 托斯卡尼培育的優質牛排

佛羅倫斯大份量的牛排(Bistecca alla Fiorentina)，是聞名全世界的名菜之一。它之所以出產在佛羅倫斯，那是因為它的牛肉來自托斯卡尼區，靠近阿列佐(Arezzo)的Chianina山谷所飼養的Chianina白公牛，這裡的公牛是吃葡萄園附近的草長大的，所以它的肉質特別細緻鮮美，甚至只要用湯匙就可以切斷牛肉，這也就是為什麼佛羅倫斯牛排，只要以簡單的鹽烤方式，就可以呈現出一道美味佳餚的原因。

▲大份量的佛羅倫斯牛排，最適合兩人一起享用。

佛羅倫斯的餐廳林立，幾乎每一家都有佛羅倫斯牛排這道名菜，有些餐廳標榜以炭烤，有些則標榜為最道地的佛羅倫斯菜，要找到真正的好餐廳，品嚐美味的佛羅倫斯牛排卻不是那麼簡單。而位在卡拉雅橋(Ponte Carraia)附近的Parione Trattoria，他們所烤出來的牛排，可說是佛羅倫斯人稱第一名的餐廳。

✻ 簡單烹調的鮮嫩原味

簡單高雅的餐廳，位在兩條小路的中間，這就是為什麼這家餐廳有兩個地址的原因。餐廳已經成立14年，相當受到當地老饕的喜愛。一踏進餐廳首先看到的就是廚師大展身手的廚房，完全採以開放式的設計。佛羅倫斯牛排都是兩人份的大塊牛排(兩人份55歐元)，這家餐廳在牛排上灑上鹽巴、胡椒燒烤候，豪邁地擺在厚木板呈上桌。細緻的牛肉，骨邊及表面微焦，而內部牛肉所呈現的是鮮美的桃紅色，吃起來不但有烤肉香，又可品嚐到Chianina細緻又美味多汁的嫩牛肉。這家餐廳的牛排之所以做得好，可說是它能精準地拿捏火候，鎖住牛肉本身的鮮美。

▶簡單高雅的Parione所做出的佛羅倫斯牛排，人稱第一名。

✲ 種類多多的前菜也不可錯過

這家餐廳除了有名的佛羅倫斯牛排外，還有許多義大利名菜。尤其享用牛肉前，可以再點一道開胃菜，像是Antipasto Toscano con Crostini、Sottoli e Crema di Rafano、或Treccia di Mozzarella e Pemeri Insalatari都是較為清淡的前菜，以生菜沙拉及新鮮的軟起司擺盤，較適合主菜佛羅倫斯牛排。另外還可以品嚐他們的第一道菜，像是龍蝦飯(Risotto all'Astice)，也是餐廳的招牌菜之一，相當受到附近上班族的喜愛，鮮美的龍蝦汁的縮在飯內，整道菜不但美味又漂亮，視覺與味覺的雙享受。而甜點也是不可錯過的，像是鳳梨香草千層蛋糕及巧克力草莓幕斯都是相當受歡迎的飯後甜點。

1.簡單大方的餐廳擺飾，營造出舒服自在的美食天堂。2.新鮮的生菜沙拉，是最適合佛羅倫斯牛排的前菜。3.廚師們大展身手的廚房，完全採以開放式的設計。

美食辭典 義大利用餐介紹

正式的義大利菜通常有前菜(Antipasti)、第一道菜(Primi Piatti)、第二道菜(Secondi Piatti)、及甜點(Dolci)。一般午餐的話，可以只點第一道菜或開胃菜，晚餐的話建議可以點前菜、第二道菜、及甜點，當然也可以從前菜點到甜點，但是一般來講義大利餐廳的份量都蠻大的，可能吃完開胃菜或第一道菜就吃飽了。另外，義大利人飯後都習慣喝一杯濃縮咖啡(cafe)，就像中國人習慣喝杯茶一樣。但是飯後如果點卡布奇諾(cappuccino)的話，對義大人來講是很奇怪的，因為cappuccino的牛奶成分較不適合飯後飲用。

DATA >>>

Parione Trattoria

✉ Via del Parione 74/76R或Via della Vigna Nuova 17, 50123 Firenze(靠近Piazza Goldoni)

☎ 055-214 005

地點：歐洲／義大利　　文字・攝影：吳靜雯

特色餐廳

新鮮甜美的托斯卡尼鄉村蔬食

以托斯卡尼**陽光下**最新鮮的食材

以最富**原味**的方式料理

呈現出最美麗

又最營養的**義大利蔬食**

品嚐**托斯卡尼**

最**樸實**的生命脈動

▲小麥麵包配上香淳濃郁的蘑菇醬，是不可錯過的餐點。

▶新鮮食材料理的綜合生菜，淋上義大利香醇營養的橄欖油，即是最美味的佳餚。

▶ 沒有招牌的老牌素食餐廳，隱匿在古老的佛羅倫斯城中，只有最道地的老饕才知道這樣的地方。

＊沒有招牌的老牌純菜館-Il Vegetariano

一家沒有招牌的老牌純菜館，已經在義大利著名的古城佛羅倫斯營業10年以上，可說是佛羅倫斯地區最早的一家素食餐廳。沒有招牌的單純，相對應到店內淳樸的托斯卡尼鄉村風格，也相對應到義大利主廚以與生俱來的美食天份，運用簡樸、原始的食材，所呈現出的創意素食佳餚。

這家在佛羅倫斯的素食餐廳，經過十年的口碑，在沒有任何廣告宣傳、招牌的個性化經營下，由各位素食老饕口耳相傳，而聞名於佛羅倫斯地區，就連不是素食主義的饕客，都紛相在佛羅倫斯古老的小巷道中，尋找這家美食餐廳的蹤影。而在這家餐廳中，還可看到一些另類的義大利人喔！

＊溫暖又具藝術風格的用餐氣氛

餐廳位在幽靜的大學區，入口處只放著一個簡單的小名牌——Il Vegetarian(就連名稱都只是單純又直接的「素食主義」)，下面則列出當天的菜單。每天的菜單都不一樣，也只有到餐廳以後才知道今天會有什麼樣的美食可享用。餐廳的點菜方式也有點不一樣，要先到櫃檯看菜單或後面的餐區直接看菜，點選想要的餐點後付費。隨後，服務人員會送菜到你的餐桌上。

進入餐廳後，是小小的用餐區，以新藝術風格的玻璃彩繪，裝飾著餐桌前的窗戶，營造出相當溫暖的用餐氣氛。再往低矮的走廊走到餐廳內部，恍如發現新天地，高挑的天井，古樸的原木，塑造出最樸實的托斯卡尼氣氛，而每日的主廚創新料理也就呈現在此。但是餐廳可還有個秘密天地，再往後院走，你會發現有如禪世

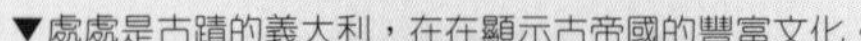

▼處處是古蹟的義大利，在在顯示古帝國的豐富文化。

▼各式美味的創意糕點，是不可錯過的飯後甜點。

界的竹林餐區，戶外的用餐區，以細綠竹圍出一片幽靜的天地，尤其在義大利這溫暖的國度裡，戶外用餐更是不可錯過的一大享受。

✻ 陽光下孕育的義大利蔬菜

菜餚方面，理所當然都是採用新鮮的蔬食食材，尤其它所用的都是在豐富陽光下所生長的義大利蔬菜，這就已為它的菜餚加分了，更遑論料理這些食材的是最具味覺與視覺敏感度的義大利人。

主廚所持的原則是將新鮮的食材，以最適合它們原味的方式料理，讓客人吃到最新鮮、也最營養的菜餚。像是綜合生菜沙拉，淋上義大利最營養香純的上等橄欖油，即是最新鮮的美食；而小麥麵包蘑菇餐，以沒有任何加工品的原料製成鬆軟的小麥麵包，配上濃郁香味的蘑菇醬(相當值得嘗試)，及醃漬的辣蔬菜，又是一道令人胃口大開的菜餚；另外，也可以嚐嚐(如果當天有供應的話)素食西班牙飯，以黃色的西班牙飯，伴上香炒過的各種蔬菜，相當美味又可飽餐。

除此之外，更是不可錯過它的甜點，各式的甜點呈放在點餐區，價錢都一樣，可以任意選擇各種新鮮蔬果製成的創意糕點，像是羅蔔蛋糕、香淳的巧克力蛋糕、以及淋上藍莓醬的起司派，都是店內相當受歡迎的糕點。

▲可飽食又美味的素食西班牙飯，又是一道招牌菜。

DATA >>>

Ilriano

✉ Via delle Ruote, 30 r. 50129 Firenze

☎ 055-475 030

🕒 星期二～星期日，星期六、日中午及星期一全天休業

地點：歐洲／義大利　　文字・攝影：吳靜雯

義大利帝王等級的葡萄酒醋

以美食王國著稱的**義大利**
不只是**注重料理**上的技術與口味
更精心**釀造各種佐料**
其中不可錯過的美食精品
就是義大利的**陳年葡萄酒醋**

▲40年釀造的老醋，可要價85歐元，但其香醇濃郁的果香味，已經超越了醋的等級。

＊ 義大利料理中不可少的元素

葡萄酒醋以義大利中部的Modena為主要產地，他們對於紅酒醋品質的要求，嚴謹的檢測與認證，可不輸他們對於橄欖油及紅酒的挑剔！尤其義大利的葡萄醋，含有大量的天然有機醋酸與活性酵素，可以調養體質，促進新陳代謝，所以這可是他們每餐必備的佐料呢！

而其中最著名、也最頂級的莫過於就是Balsamico帝王醋，這是西元前2000年古希臘羅馬時代專為帝王釀造的御用食品。帝王醋所採用的葡萄都只選用百年老藤，然後在爐上慢慢熬烤，之後再以各種上等材質的木桶發酵而成。大概25年以上的酒醋都已經是

▼佛羅倫斯中央市場內另有許多家日本人開設的醋店，不妨多家試吃比價。

紅酒醋與生菜沙拉加上橄欖油最對味，但是像這種高級紅酒醋，淋在冰淇淋上，可也是相當流行的吃法！

選購醋最好的辦法就是試吃，一般賣醋的店家都可以讓客人試吃，最好先單試醋本身，接著再與橄欖油混在一起試吃，各種年份的醋味不盡相同，不一定要購買月老的醋，最重要還是以合個人的口味的醋為主。

不錯的了，當然還有許多30年、40年不等的上好酒醋，價格可從幾百歐元～5千歐元不等，可說是與葡萄酒同等級。

＊18世紀以來的超級老字號

位在Reggio Emilia附近的Cariago有家經營三代，從18世紀即以開始釀醋的老牌醋王Picci，他們的上等帝王醋Balsamico分為三級：最上等的為Silver，再來為Gold及Lobster Red。銀牌酒醋的濃郁的果香味，已經不再有一般的醋味，單是品嚐醋，就已經是人間美味了。一般義大利

▲Balsamico的帝王醋，是古希臘羅馬時代的御用佐料。

◀精美的包裝，是您義大利之旅健康又高雅的最佳禮品。

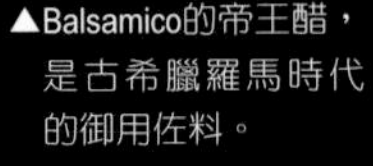

▶購買紅酒醋就最佳的辦法就是試吃，購買符合自己口味的酒醋。

＊在附設餐廳內馬上享用美味

Picci在Cavriago另設有以上好食材料理的傳統義大利餐廳，他們除了有添加了紅酒醋的各種料理之外，高級的蘑菇也是他們的招牌，所以到他們餐廳當然不可錯過他們以各種菇類所料理的菜餚囉！另外，Firenze的Mercato Centrale也設有美麗高雅的攤位，由Picci之子及子媳掌管，產品相當齊全。

而如果想要拜訪他們那古老的地窖，聞聞古木加上酒醋的香味，也相當歡迎。不但可以參訪義大利古老的酒醋釀造法、品嚐道地又高級的義大利料理，更可以欣賞到義大利中部的田野風光，還可以品嚐義大利的帝王醋，一圓平民百姓的帝王夢，這又何嘗不是一趟另類的義大利之旅呢！

DATA >>>

Acetaia Picci紅酒醋專賣店
Via Roncaglio 29, Cavriago
0522-371 801
www.acetaiapicci.it
info@acetaiapicci.it

Picci餐廳
V. XX Settembre 4, Cavriago
0522-371 801

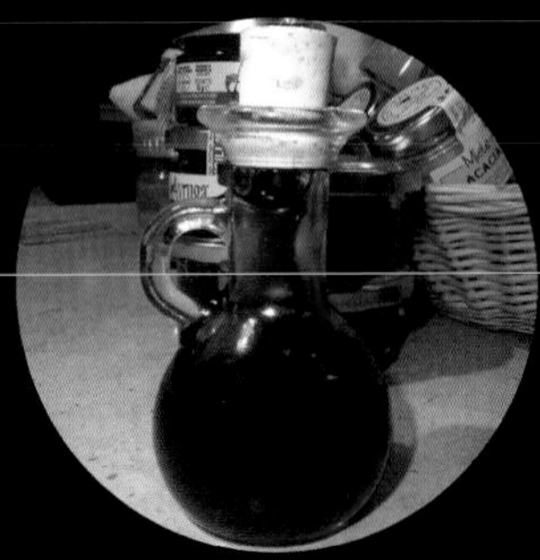

地點：歐洲／義大利　　文字・攝影：吳靜雯

特色餐廳

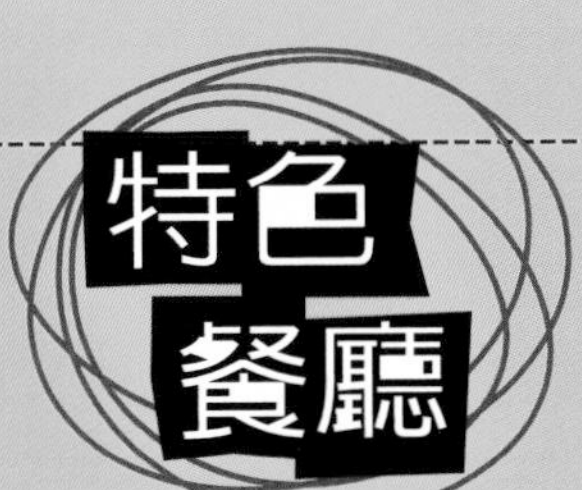

最富拿波里熱鬧氣氛的披薩餐廳

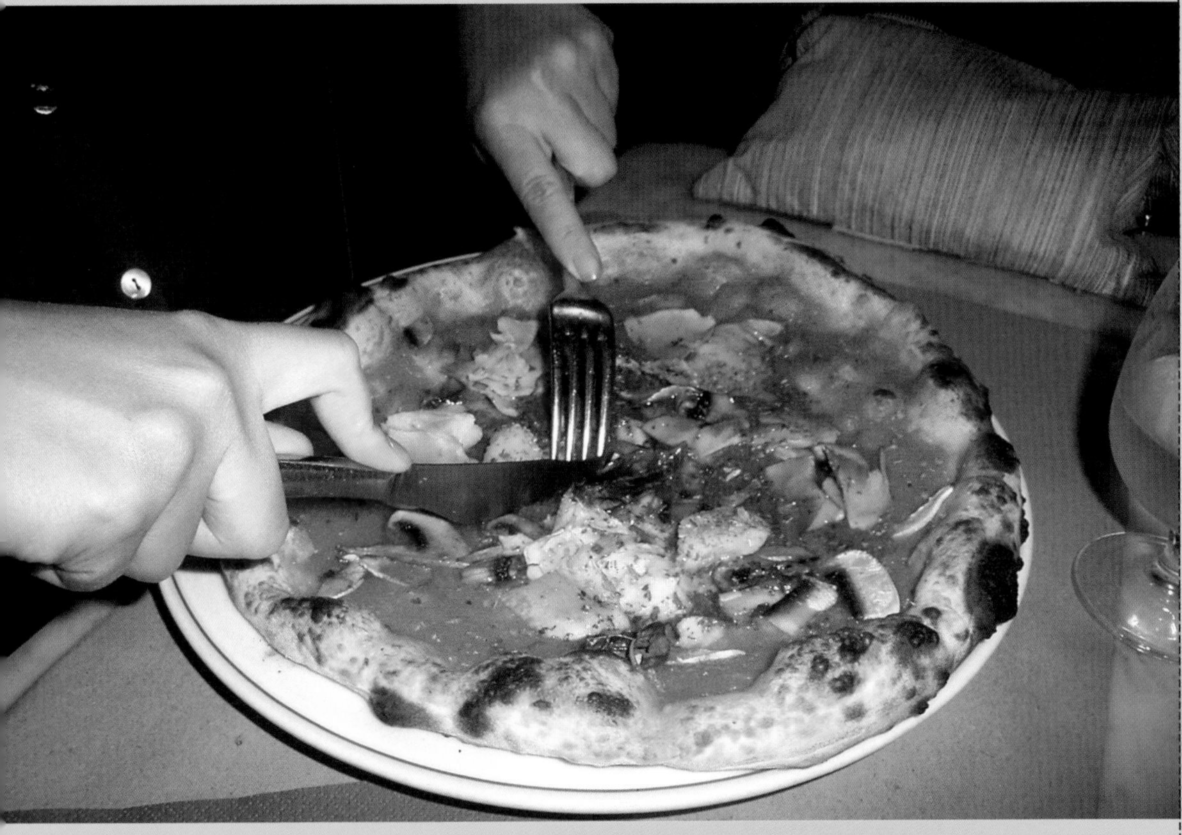

◀披薩專用的切刀，讓你輕鬆又優雅地品嚐披薩。

義大利披薩聞名全球

其中又以拿波里披薩最具代表性

所以來到義大利

當然不可以錯過品嚐拿波里披薩與感受拿波里熱情文化的機會！

✻ 熱情有勁的用餐氣氛

Il Pizzaiuolo餐廳位於佛羅倫斯最受歷史學家喜愛的氣質住宅區，但一進入餐廳，馬上感受到卻是拿波里人的熱情 — 當然還有吵雜！老闆操著一口不標準的拿波里義大利文問候著客人，大聲的與廚房內的廚師們聊天，這，就是典型、一點也不矯飾的拿波里個性。

風行全球的義大利的披薩，可說是從石器時代起就有的義大利日常食品，從地中海地區相當普遍的Foccacia烤麵包慢慢發展而成。披薩可以說是開始知道如何揉製麵粉製餅就已存在了。不過最正宗的披薩應該從拿波里地區開始，他們在圓麵包上放橄欖油及一些簡單的食材烘烤，這時才算是披薩真正開始的時候。不過開始使用番茄做披薩算是蠻後期才開始的，而且這可是拿波里人的首創與驕傲呢！

✻ 源自拿波里的傳統家鄉口味

19世紀義大利皇后瑪格莉特來到拿波里度假時，特別聘請披薩名廚Raffaelo Esposito為皇后做了三種口味的披薩：肥豬肉加上起司與羅勒葉；大蒜、橄欖油與番茄；另一種則是義大利乾酪、羅勒葉、與番茄(就像義大利國旗的顏色)，而這也是3種最傳統的披薩口味。

而這家披薩餐廳，同樣來自披薩的原鄉拿波里，在佛羅倫斯地區可是遠近馳名，曾經是義大利的年度最佳披薩店。在用餐區即可看到餐廳內烘烤披薩的火爐，即使是30多度的義大利夏天，他們仍然遵循著古老的披薩做法，在火爐前盡心地揉製麵粉、擺上各種食材、然後仔細地將披薩放入材燒的爐中烘烤。

✻ 最適合仲夏夜晚的歡樂氣氛

Il Pizzaiuolo的披薩之所以好吃，最主要是在於他們揉製麵粉及烘烤的技術高超，即使只是放番茄醬而已，薄薄脆脆、又相當有嚼勁的烤麵皮，就已足以成為人人稱讚的披薩。因此最值得推薦是以番茄、大蒜、橄欖油、及羅勒葉烤的披薩Pizza Marrinara。這種披薩不但最能品嚐到披薩的原味，而且。這家餐廳相當受歡迎，最好事先預約，否則就要準備排隊，再者可以外帶披薩，夏夜的佛羅倫斯，有許多廣場都有音樂表演，一面享受美食；一面享受美音，倒也稱的上是自創的一個快樂天堂！

這家餐廳不只賣披薩而已，它賣的可還有義大利麵及義大利的熱情。到這裡要感受的，不只是義大利美食而已，還要好好的見識並體驗義大利人那毫不矯飾的個性！

DATA >>>

✉ Via De'Macci 113/R

☎ 055-241 171

🕒 午餐12:00起、晚餐19:30起

1.最値得推薦的Pizza Marrinara，這是最便宜卻又最能品嚐到披薩原味的選擇。2~3.吵雜的披薩店，賣的不只是披薩，更是拿波里人豪不矯飾的熱力。4.用心烘烤的披薩，才是道地又好吃的拿波里披薩。

地點：歐洲／義大利　　文字・攝影：吳靜雯

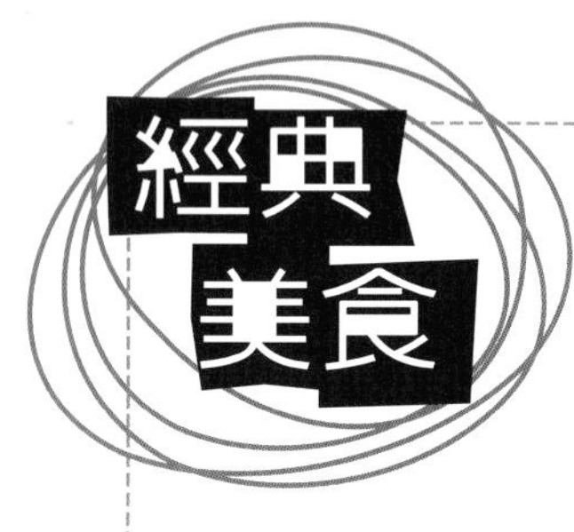

Gelato! Gelato! 義大利人的最愛

夏天到炎熱的義大利旅遊
最常看到的畫面
是老老少少手拿著冰淇淋
起勁的伸長舌頭舔著美味的冰淇淋
幸福的義大利人
他們每天都可嚐到的
可是世界各國人士
最喜愛的義大利Gelato！

＊來自於黑手黨的故鄉

其實義大利的冰淇淋起源於黑手黨的故鄉──西西里，而且西西里的冰淇淋可是追溯到羅馬時代呢！冰淇淋起源於古希臘時代相當受歡迎的水果牛奶冰，後來傳到西西里島。古羅馬時代的西西里島人會從高山上(Mt. Etna)取下冰雪，儲存在地窖中，一整個夏天就可以靠這些冰雪，與各式新鮮的水果混在一起吃，像是草莓(fragola)、榛果(nocciola)、桑椹(Gelsi)等。後來口味越來越多，著名的義大利咖啡、奶油、巧克力、香草、以及盛夏最受歡迎的哈密瓜、芒果、西瓜等。而西西里島的義大利手工冰淇淋之所以有名，就在於他們堅持以新鮮的水果、牛奶，手工慢慢調製而成，你所嚐到的，不只是冰涼的冰淇淋，更是各家店主人的堅持與熱情。

＊當地人與觀光客都無法抗拒的滋味

夏季在各城鎮都可以看到義大利人及各國的遊客，或是聚集在冰淇淋店前，或是邊走邊享用著冰淇淋，尤其看到4、50歲的中年男人，不管是手提著公事包，還是頸上仍綁著領帶，只要拿著冰淇淋，就頓時回到兒時般，我們所能看到的表情就是享受冰淇淋美味的單純。而吃冰淇淋的技巧，其實最重要的是不在乎形象，大方的伸長舌頭從下往上舔起冰淇淋，這是最不會浪費冰淇淋，也不用冰淇淋會滴滿地的最佳食法！

經典店家推薦

冰淇淋店在義大利的各大小城鎮都可以輕易找到，不過我們在此介紹幾個大城市中，相當有口碑的冰淇淋店：

＊1 GELATERIA CARABE'(佛羅倫斯) >> 熱情的Antonio與Loredana Lisciandro夫婦來自西西里島北方的Patti，從Antonio的爺爺即開始的家族冰淇淋業延續至今，所以他們的冰淇淋可不只是家傳的秘方，還有他們夫婦熱情與創意。這裡的冰淇淋口味相當齊全，相當推薦他們的哈密瓜、杏仁、咖啡、以及從西西里島運過來的檸檬口味，此外，西西里島的冰淇淋甜點cannoli、cassata、與brioche，都是點餐後新鮮現做的，可點像是冰淇淋三明治，香脆的餅皮配上新鮮的冰淇淋。

＊2 Gelateria Marghera(米蘭) >> 位於米蘭Fiera展覽場附近，在米蘭地區極為出名，有時候甚至要等上半個小時，不過絕對值得等待。新鮮的冰淇淋口味，不甜、不膩，可說是洽到好處！另外它的冰淇淋雪糕也相當值得品嚐。

＊3 Umberto(米蘭) >> 位在米蘭市中心的冰淇淋店，靠近Cinque Giornate廣場，Coin百貨公司旁，同樣供應米蘭人新鮮美味的義大利冰淇淋。

Gelato

＊4 Gelateria Pellacchia(羅馬) >> 1900年創立的牛奶店，後來逐漸轉為聞名世界的高級冰淇淋店。以上選的牛奶及對於製作冰淇淋的嚴謹，因而成為羅馬地區相當著名且品質保證的冰淇淋店。店面位於梵蒂岡與Piazza del Popolo之間。

Gelato

DATA >>>

＊1
- ✉ Via Ricasoli 60 - Firenze(靠近美術學院Galleria dell'Accademia)
- ☎ 055.289476
- http www.gelatocarabe.com

＊2
- ✉ Via Marghera, 33, 20149(Fiera)
- ➡ 地鐵站：地鐵1線De Angeli
- ☎ +39 02468641
- 🕘 星期二～星期日09:00～13:00

＊3
- ✉ Piazza Cinque Giornate, 4 Milan IT, 20129
- ☎ +39 025458113
- 🕘 星期一～星期六11:00～13:00、16:00～20:00

＊4
- ✉ Via Cola Di Rienzo 103/105/107 Rome Italy
- ☎ +39 6 3210807
- FAX +39 6 3212656
- http www.pellacchia.it
- @ info@pellacchia.it

1 2 3 1.來自西西里島，相傳三代的Antonio與太太Loredana，將他們對冰淇淋的喜愛傳送給每位來店消費的客人。2.夏季的Melone哈密瓜口味及來自西西里島的檸檬口味，常常是銷售第一名的冰淇淋口味。3.義大利冰淇淋的美味，就連成熟的義大利人，仍然無法抵擋它的魅力。

地點：歐洲／義大利　　文字・攝影：楊鎮榮

追求義大利麵的 Al Dente！極致美味

▶威尼斯的嘆息橋是遊客們必訪的景點之一。

高掛著「義大利」的旗幟

義大利麵無疑是大家心目中最典型的義大利料理

Pasta 是所有麵類的總稱，看似簡單的一道料理，居然隱藏著滿滿的學問，

讓所有人不斷地追求那「Al Dente！」—彈牙的極致美味。

✻ 和歷史文化息息相關的義大利美食

雖然有人曾經懷疑，Pasta可能是馬可波羅在東遊之後，擷取了中國麵食經驗而在義大利改良成了Pasta。事實上，在龐貝古城的遺跡中曾經挖掘出一具製麵機器，而龐貝古城被隱沒的年代可遠遠超過了馬可波羅，因此上述說法並不正確。比較可信的說法是，在羅馬帝國尚未建立前就移居到義大利的恩楚思坎人(Etruscan)，已經開始利用所種植的穀物，磨粉後加水來製作麵糰，並且加工成麵條。所以，Pasta應該是源自於義大利本土。

◀用料豐富的海鮮義大利麵，是十分大衆化的口味。

中上級的餐廳其實也會有雅致的室內裝潢擺設，晚間用餐時更有浪漫的燭光陪伴，也是不錯的選擇。如果想要吃得輕鬆一點，就找家氣氛溫馨的小館子，或是Pasta的速食店。總之，義大利餐廳選擇多多，可以依預算尋找到適合的餐廳。

而Pasta拌以醬汁的這種吃法，可能是在17世紀蕃茄被引進義大利以後的事，這時的義大利人才開始嘗試用蕃茄所烹調的醬汁與義大利麵一起拌和食用。隨著飲食文化的改變，Pasta在世代變遷中漸漸地改良，並逐步推廣到世界各地，廣為世人所知。

＊飄散在義大利每個角落的Pasta香

義大利可以吃飯的地方很多，通常稱為Ristorante的是比較高級的餐廳，Trattoria則是家庭式的餐館，Pizzeria則是提供Pizza的地方，雖然現在的餐廳已經沒有這麼明顯的區隔，但想吃義大利麵的話，在上述地點都可以吃得到，因為，Pasta可是風靡全球的義大利平民美味。

大部分高級餐廳都需要在用餐前先預訂，否則可能會面臨無位可坐的窘境。現場找位子固然也可行，但是，很多餐廳都坐落在可以欣賞美景的景點，而絕佳的觀景座位早就被預約的人搶先了一步。因此，想一邊吃飯一邊欣賞風景，可得先行預約。不然的話，

＊凝聚各地特色的Pasta一定不能錯過

由於Pasta的種類衆多，點餐時可能會讓人不知該如何下手。因此，可以請服務人員幫忙選擇當地最具特色的Pasta。Spaghetti是我們最常見的義大利長麵條，想要優雅地吃的話，我個人會同時使用叉子和湯匙。用叉子撥一些麵條起來，接著在湯匙上以叉子捲麵條，之後再入口。如果還是擔心醬汁會噴得到處都是，那就放棄吧！換點其他種類的Pasta，應該會讓你吃起來輕鬆些。至於點餐時的份量，2個人一起用餐的時候，可以點1份前菜＋1份義大利麵＋1份主菜。或者，可以選擇餐廳裡配好、專為遊客所設計的套餐，通常價格從10～20歐元不等，這類菜單會放在餐廳外最顯眼的地方，可當成是點餐的選擇。

▶Pasta的種類衆多，形狀及醬汁的變化更是多元。

1 1.選擇在戶外用餐，更能感受義大利的當地風情。2.在Da Meo Padaca餐廳用晚餐，還可欣賞義大利情歌演唱。3.品質優良的食材，是義大利美食的關鍵。
2
3

經典店家推薦

＊1 Da Meo Padaca(羅馬Roma) >> 餐廳就位在Mercanti廣場邊，座位的劃分有室內及戶外兩種。天氣好的晚上，戶外的座位區會點上火把圍繞著，讓你在用餐時也浸淫在渡假氛圍中。除此之外，餐廳還提供了三種不同類型的表演，有專人走唱義大利情歌環繞全場，另外還有在舞台上的live演唱，讓現場氣氛沸騰到了極點。第三種則是現場的歌劇演出，讓你享用一頓義風十足的晚餐。

＊2 Ristorante Paoli(翡冷翠Firenze) >> 位在市中心附近的小巷子內。翡冷翠是文藝復興運動的起源地，到處可見文藝復興風格的建築，這家餐廳的裝潢就有著此時期的古典式優雅。店內主要料理是以燒烤聞名，翡冷翠牛排原本就名聞遐邇，來到此地當然非試試不可，用餐時也可以順便品嚐托斯卡尼地區所產的葡萄酒。不過，先提醒各位，此餐廳的單價偏高，進去前要有點心理準備。

＊3 Ristorante Do Forni(威尼斯Venezia) >> 這家位在威尼斯小巷弄內的餐廳，最拿手的就是海鮮料理，但價位也是偏高的。不過，它有個十分有趣的特色，就是在餐廳的內部分成了兩種不同風格的用餐空間。一邊是義大利鄉村風格，另一邊則是以東方快車的裝潢，吸引了許多遊客及當地民衆前往。用餐時的包廂完全copy自東方快車內部的車廂，就好像真的在火車上用餐一樣，很有趣吧！

DATA >>>

＊1
Piazza de'Mercanti 30
06-5816198、58331086

＊2
Via de' Tavolini 12r
055-216215

＊3
S. Marco, Calle Specchieri 468/157
041-5232148

美食辭典 變化多端的Pasta

義大利pasta的種類實在太多，在點餐之前，先學學這些單字吧！相信一定會有幫助的。

Spaghetti	最普遍的義大利長麵條
Tagliatelle	製作時加入雞蛋的寬麵條
Penne	筆管麵
Tortellini	環狀內包餡料的餃子狀
Ravioli	上下兩片鑲餡的餛飩狀
Lasagna	義大利千層麵
Fusilli	螺旋麵
Farfalle	蝴蝶麵
Conchiglie	貝殼麵
Gnocchi	製作時加入馬鈴薯的麵疙瘩

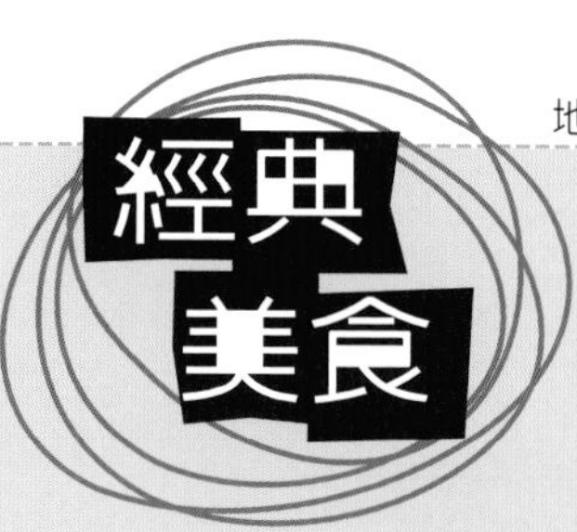

地點：歐洲／義大利　　文字・攝影：楊鎮榮

◀▲義大利的前菜種類很多，有熱食也有冷食。

Antipasti 讓味蕾甦醒的佐酒良伴

Antipasti

就是義大利文中**開胃菜**的意思
在享用義大利菜之前
除了有**開胃酒**之外
還有這些開胃菜來搭配食用
在品嘗開胃菜的同時
大廚們正努力張羅接續的主菜
而客人則可以藉著開胃酒和開胃菜
讓自己的**味蕾**漸漸**甦醒**。

＊運用豐富的食材，創造多變的開胃菜

為什麼會有Antipasti的出現呢？這可能要追溯自羅馬帝國時期，當時許多的王公貴族們沉浸於飲酒作樂之中，喝酒時又需要一些菜來填一下肚子，於是，稱為Antipasti 這種開胃菜便誕生了。

▶採自助式供應的前菜，可滿足喜歡多嚐一些口味的顧客。

在義大利這塊狹長的國土上，各地都有其著名特產及飲食的獨特性，因此開胃菜也大不相同。基本食材有蔬菜、肉類、海鮮，而且，除了冷盤之外，也有熱菜。油漬蔬菜的冷盤，使用橄欖油來醃漬朝鮮薊、橄欖，茄子等季節性蔬菜。熱菜的話，烤節瓜、以及香氣四溢的牛肝菇，都是常見菜色。煙燻肉類的冷盤最為人知的則是哈密瓜火腿，義大利著名的生火腿片(prosciutto crudo)，覆蓋在甜蜜多汁的哈密瓜上，入口後鹹與甜的味覺同時在口中化開，形成了衝突的協調。Capaccio生牛肉乾酪，也是道人氣開胃菜。

＊選對開胃菜，讓味覺層次更加提高

在義大利想要好好品嚐開胃菜，可沒法像在西班牙找Tapas一樣，隨便鑽進一家小酒館就吃得到。有別於西班牙，義大利開胃菜並不單獨在餐廳中販售，也就是說，你非得在餐廳裡照著規矩，從開胃菜到主菜一路點下來，享用完整的一餐。因為Antipasti不只有暫時填飽肚子的作用，同時也是誘出主菜美味的導引者。

一般來說，餐廳裡一定會有獨家的特色開胃菜，另外，也會提供開胃拼盤，讓客人們可以吃到多種菜色。想採取單點方式的話，可依據後續主菜的口味，來作為選擇的標準。比方說，當你的主菜是比較重口味的食物時，開胃菜就可以選擇清淡些

的菜色。但若是主菜本身已經夠清淡了，那不妨選擇口味重一些的開胃菜，這樣一餐下來，可以變換味覺的層次，避免單調的口感。

✲ 餐廳前的菜單，是控制預算的好幫手

在義大利找餐廳，除了用餐環境之外，價格也是考量的重點之一。這個時候，我通常在觀望完門面之後，站在門口先看過價目表，大部分餐廳會直接將菜單擺在外頭供人參考，覺得價格可以接受就進去試試吧。

結帳的時候，除了你點的食物的費用，通常還會另外加上座位費，依據人數來計算。有些餐廳則採取不收座位費的方式，但在結帳時另加一筆服務費，大約是用餐金額的10～15%不等。至於小費的話，可以視情況每位用餐者另外多付1～1.5歐元。

經典店家推薦

在義大利，每家餐廳都有各式各樣的Antipasti可供顧客選擇，價格也會因為餐廳的裝潢與等級的不同，而有所改變，不過只要先在門口看好菜單，就能掌握好預算，無須擔心。大部分的餐廳都會有一兩道自豪的招牌前菜，若是不知從何點起，不妨請侍者推薦，通常都不太會令人失望。

◀生火腿與乳酪的搭配在義大利是一道很受歡迎的前菜冷盤。

地點：歐洲／比利時　　文字・攝影：楊鎮榮

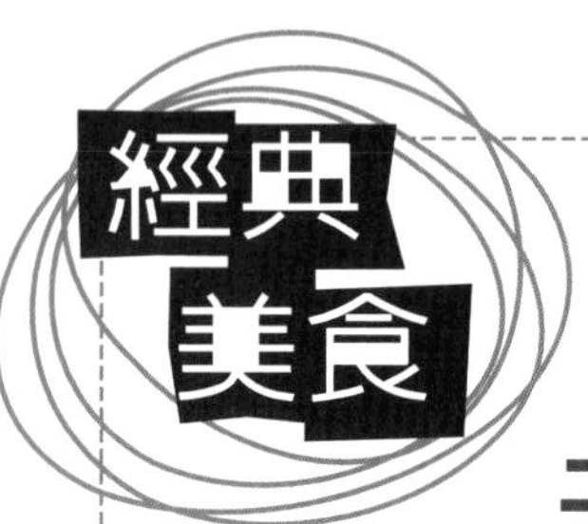

永遠不會喝膩的比利時啤酒

比利時啤酒和巧克力一樣
都是聞名全球的特產
啤酒對比利時人而言
不光光是一種酒精飲料
更是生活中不可少的必需品

＊全世界都廣受歡迎的流行魅力

一提到啤酒，你會想到哪個國家？德國，還是比利時？不管你想到的是以上哪個國家，都證明了你是喜歡喝啤酒的一族。有別於德國啤酒的厚實感，比利時啤酒則呈現出豐富多樣的風貌，不僅深受比利時人的喜愛，更在全世界廣受歡迎，而這股風潮也在這幾年開始吹近台灣，去pub喝杯比利時啤酒，成為許多都會人的興趣與享受。

比利時是歐洲的小國，面積不大，但卻有高達540家以上的啤酒釀造廠，所生產的啤酒種類更是高達600多種，口味變化之豐富，堪稱是全世界啤酒種類最多樣化的生產國，因此也不難想像比利時人喜愛喝啤酒的程度，根據統計，每個比利時人平均每年要喝掉118公升的啤酒，說啤酒是比利時的「國飲」可真是一點都不為過。

✻ 五花八門 永遠都有新口味

比利時的啤酒種類之多，足以讓人眼花撩亂，不知該從何挑選起，除了深受許多啤酒愛好者喜愛、具有悠遠歷史的修道院啤酒；以啤酒顏色來區分的白啤酒、金黃啤酒與黑啤酒；受到女性歡迎的多種不同水果口味的啤酒……等等。如果每天喝1瓶不同口味的啤酒，恐怕2年都喝不完，更何況，每家啤酒廠還會不時研發出新的口味，以滿足消費者求新求變的期待。

以釀造的方式來分辨，比利時的啤酒大概可分為Lambic(自然發酵，並放入木桶中儲存1～2年)、Queuze(以多種Lager調配而成的混合口感)、Kriek(具有水果風味，通常是櫻桃口味)這幾種，各有其不同的風味，加上各家啤酒廠的釀造方式各有不同，讓比利時啤酒呈現出苦、甜、淡、濃等千變換化的滋味，當然也就各自擁有不同的支持者。

▲比利時著名的尿尿小童雕像。

▼坐在布魯塞爾的露天咖啡座椅上，邊喝啤酒邊欣賞路人，是件很愜意的事。

▲啤酒、薯條和淡菜是最搭配的組合。

＊隨時隨地 想到就喝

啤酒對於比利時人而言，可能就像茶對中國人而言一樣的重要且與日常生活密不可分。在比利時，早上就開始喝啤酒的大有人在，而在各個露天的咖啡館裡，看到喝啤酒的人往往會比喝咖啡的人還多，甚至就算是寒冷的冬天裡，也要躲在開著暖氣的室內，享受一杯沁涼的啤酒滋味。

喝啤酒時，當地人往往喜歡搭配一盤洋芋片或是帶有鹹味的深棕色小麵包，不過若要稱得上是最經典的啤酒料理，則要屬淡菜了。用小鍋子裝盛的白酒蒸淡菜配上外酥內鬆的薯條，再喝上一大口啤酒，果然是絕妙的滋味。每次來到比利時，我至少都要嚐上個一回，才算是真正造訪了比利時。

美食辭典 比利時啤酒的種類

比利時的啤酒種類相當的多，許多人往往不知該從何選起，以下列出較常見的啤酒類型名稱，以供參考。

Ale：麥酒。酒精成分比Lager強一些，但又比Poter弱。

Lager：淡啤酒。釀成後大約再儲存6星期至6各月之間，色澤較淡，酒精濃度也較低。

Poter：一種黑啤酒。

Stout(Black Beer)：也是黑啤酒的一種，酒精濃度比其他啤酒還要來的高。

Alcohorl-free Beer：不含酒精或是酒精濃度低於0.5％的啤酒。

經典店家推薦

＊1 **Musée de la Brasserie啤酒博物館 >>** 位在布魯塞爾大廣場旁的啤酒博物館是認識比利時啤酒的最佳去處，裡面有陳設各種釀酒器材與介紹比利時的啤酒歷史之外，參觀者還有機會品嘗多種不同口感的啤酒。

＊2 **Lindemans啤酒廠 >>** 位於布魯塞爾西南方大約20分鐘車程的Lindemans是一處可開放遊客參觀啤酒製作過程的酒廠，對啤酒有興趣的人，可電話先預約，酒廠的人員會安排免費的導覽參觀行程。

DATA >>>

＊1

✉ 10 Grand Place布魯塞爾大廣場旁

＊2

✉ Lenniksebaan,1479 1602 Vlezenbeek

☎ 02 569 0390

$ 不收費，但須電話預約

地點：歐洲／比利時　文字・攝影：楊鎮榮

香濃甜蜜的比利時巧克力

喜歡**巧克力**的人
一定都知道**比利時**巧克力的名氣
而就算不是巧克力愛好者
有這個機會來到比利時
也免不了要好好品嚐一番
離開時
每個人更是少不了
買上幾盒回家當最佳**伴手禮**

✻ 拜訪比利時之前先減肥

有機會來到比利時旅遊，一定很難不去注意到隨處可見的販賣巧克力的專賣店，以及櫥窗中各式各樣的外型美觀多變的巧克力造型，這對喜歡吃甜食，尤其是巧克力的人而言，不啻是一個可以盡情品嚐的天堂，每天都會忍不住買上幾顆，然後細細品味那種入口即融、濃郁滑嫩中洋溢著幸福滋味的甜蜜感，彷彿是人生的一大享受。

對許多愛美的女性來說，在比利時旅遊時，幾乎每天都會面臨著美味巧克力與熱量體重之間如何取得平衡的內心掙扎。望著櫥窗內琳瑯滿目的巧克力造型與不同的口味，以及精美又浪漫的包裝盒，忍不住會想多品嚐幾個，可腦袋中又免不了擔心盤算起熱量卡洛里。難怪有人會戲稱：前往比利時旅遊前，最好要先減肥！況且，在比利時，除了巧克力之外，到處可以見到的鬆餅小攤販，也是另一種令人難以拒絕的美味甜食。

＊ 非買不可的最佳紀念品

不同於瑞士以機器製作的標準化塊狀或片狀巧克力，比利時的巧克力則是標榜手工製作而聞名，而且正式因為是手工製作的，更能在造型上展現出宛如藝術品般的精緻美麗與多樣化的風貌，這也是比利時巧克力的最大特色。

在口味上，由於比利時採用較高比例的可可脂，因此不僅聞起來香氣十足、口感更是特別的濃郁、順口，甜蜜中又帶有些微的苦味，巧妙的平衡了甜味中可能容易讓人覺得膩的口感。

巧克力、酒和鮮花，這三樣是比利時人送禮時的最佳選擇，而對觀光客而言，巧克力更是非買不可的最佳紀念品，無論是買回家自己慢慢品嚐，或是送人都很恰當，尤其當親朋好友從你手中接到一盒包裝精美的比利時巧克力時，臉上的笑容肯定和巧克力一樣甜美。不過要提醒的是，手工巧克力往往很容易受到溫度的影響，所以最好在回國前一天或當天購買，才能維持最佳的品質。

◀工作人員正細心的製作巧克力。

＊搭配咖啡或茶最為恰當

當地人在享用巧克力時，多半會搭配咖啡或茶，因為這兩種飲料不會掩蓋住巧克力本身的美味，還能解除甜膩感。而除了茶與咖啡之外，喜歡紅酒的人，也會在品酒時把巧克力當成搭配的小點心，紅酒的香氣，與巧克力的濃郁滋味搭配也頗受許多人的喜愛。

在比利時，邊喝咖啡邊享用巧克力已經成為許多人每天的習慣之一，甚至在許多咖啡館或茶館內，點杯咖啡時，店家也會附送上一小塊巧克力讓顧客搭配享用，而這樣的貼心不僅廣受歡迎，也逐漸蔓延到許多國家的咖啡館，也開始了這樣的服務。下次喝咖啡時，不妨也來搭配些許濃郁甜美的巧克力，好好慰勞一下自己。

＊1 **Godiva >>** 這是比利時最知名的高價巧克力專賣店，現在不僅在比利時有多家分店，在很多國家也設有販售據點，其中以松露巧克力(Truffe Amere)最受歡迎。台灣也有分店。

＊2 **Leonidas >>** 和Godiva的高價比起來，Leonidas的價格就顯得比較大衆化，因此很受當地人與遊客的歡迎，店內同樣有多樣化的口味可供顧客挑選。

＊3 **Neuhaus >>** 創立於西元1857年，是比利時最早的手工巧克力專賣店，店內販售的口味多70種以上，可以自行挑選口味請店家?盒，也可直接請店家幫你搭配。

＊4 **Mary >>** 店內以製作純度高達99.7％的黑巧克力聞名，是喜歡黑巧克力帶有成熟苦味的人所最愛的品牌。

DATA >>>

＊1
✉ Grand Place 22, 1000Bruxelles
☎ 511 2537

＊2
✉ Rue au Bearre 34, 1000 Bruxelles
☎ 512 8737

＊3
✉ Galerie de la Reine 25, 1000 Bruxelles
☎ 502 5914

＊4
✉ Rue Royale 73, 1000 Bruxelles
☎ 217 4500

最道地的芝加哥厚片披薩

舊金山酸麵糰麵包 獨一無二的滋味

在舊金山狂風暴雨下的用餐體驗

舊金山獨步世界的Cioppino義式海鮮鍋湯

加州美食的源起Café at Chez Panisse

在紐約落地生根的披薩

最能呈現出紐約風情的路邊美食──貝果

來一份紐約客最愛的熱狗

「費城起司牛排」非牛排！

美洲篇

向來以民族大熔爐自豪的美國

不僅有許多異國食物在此生根

更發展成當地具特色的美食文化

地點：美洲／美國　文字・攝影：林小云

經典美食

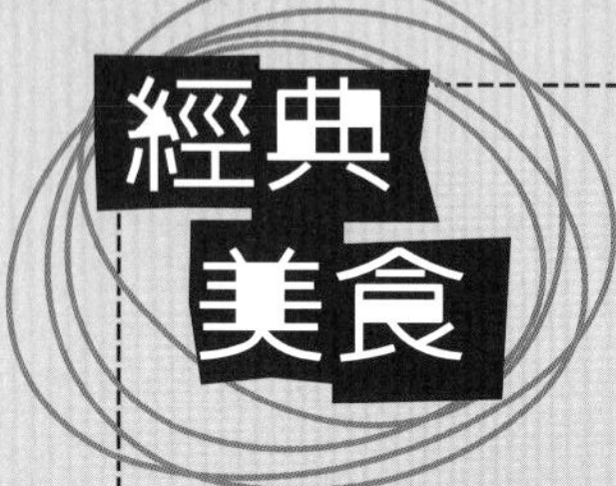

最道地的芝加哥厚片披薩

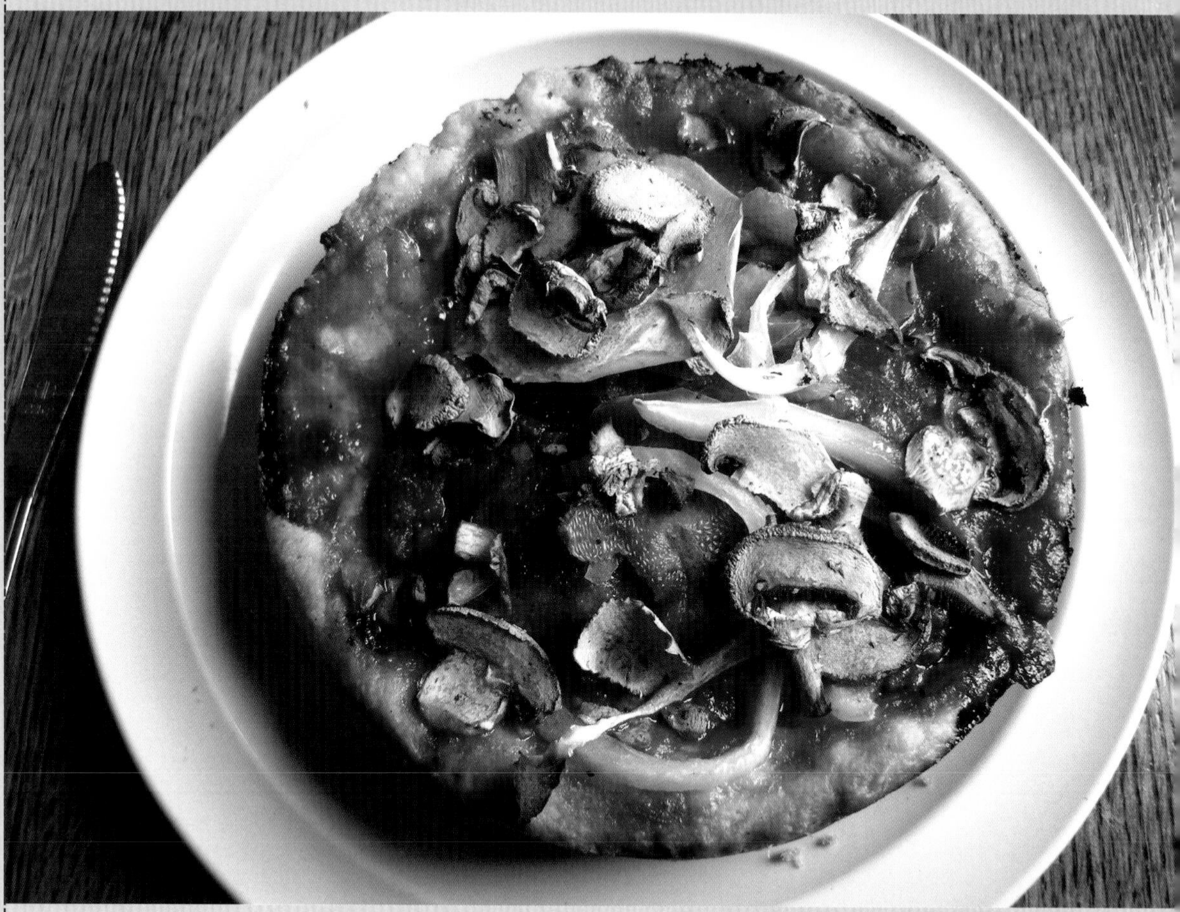

▲在台灣很受歡迎的厚皮餡多披薩其實原創於芝加哥。

你知道嗎？台灣人所熟悉的**厚片披薩**

其實真正的**發源地**在**美國**而不是義大利

因為在芝加哥發揚光大

所以又被稱之為「**芝加哥披薩**」

✻ 義式披薩變身芝加哥美味

義大利人大概沒想到最令他們引以為傲的食物之一「披薩」竟會在美國芝加哥被改造成為厚片披薩且大受歡迎。

厚片披薩原名為deep dish pizza。有別於傳統披薩，它的麵皮厚達2.5～3公分且帶有甜味，其中包裹著大量鮮嫩多汁的義大利碎肉、義大利白起司和新鮮番茄，最上層則是羅勒與牛至等上等香料和巴馬乾酪。有趣的是，構想出厚片披薩的人不是義大利人，而是來自德州Wills Point小鎮的以克．塞維爾(Ike Sewell)。

▲芝加哥格蘭特公園Grant Park的白金漢噴水池Buckingham Fountain，左後方的黑色高樓為著名的希爾斯大樓Sears Tower。

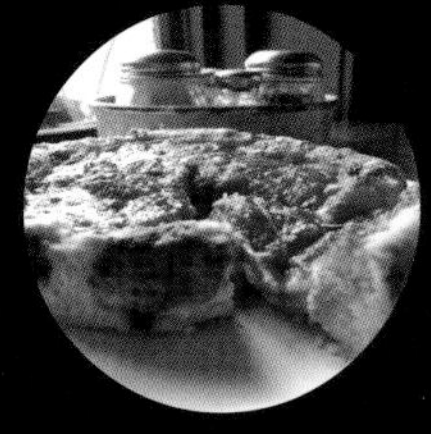

西元1943年秋天，正值壯年的塞維爾看準了披薩的市場與饕客的口味，在芝加哥開了全球第一家厚片披薩專賣店Pizzeria Uno。Pizzeria Uno的出現讓芝加哥人眼睛一亮，也因此儘管等待現烤披薩出爐的時間需要45分鐘(這還不包括排隊等待侍者依序點餐所花的時間，一如今日)，前來用餐的人依舊是絡繹不絕。再加上之後二次世界大戰結束，曾經遠征義大利的美國軍人帶回來另一波披薩熱潮也助長了Uno的業績。1955年，分店Pizzeria Due於距離本店一個街角之處開張，讓常在Uno店外等到飢腸轆轆的客人總算可以儘早大飽口福。

厚片披薩的別名「芝加哥式披薩」已在全球打響了名號；而Pizzeria Uno一如以往，還是繼續在原址為舊雨新知供應最新鮮的現烤厚片披薩。Uno總公司在西元1995年新增菜色並於兩年後將餐廳全名改成Pizzeria Uno Chicago Bar & Grill。至今，Uno的全美分店已超過200家，甚至在杜拜與首爾也設有分店，其魅力可見一般。

✻ 隱藏在三道門後的滋味

Pizzeria Uno坐落在芝加哥市區東俄亥俄街與北沃貝許街交叉口一棟小巧可愛的四層紅磚屋。走進大門，首先映入眼簾的是兩排綠色長板凳。如果凳上沒有坐著人，那就先恭喜了，因為這表示你將有機會在最短的時間內享用披薩大餐(註：最短時間45分鐘)。在準備推開第二扇門時，假若沒有聽到侍者「Watch your step」的叮嚀，也請務必眼光看著地面，免得因為門前門後地面的落差讓腳步踩空。第三道門(是的，還有第三道門)後就是用餐區了。通常來到第三道門的情況有兩種：第一是由侍者帶位請你進入，這表示已經有空位了；第二是當抵達時發現已是人滿為患，你一定會想要先入內確定還需要等多久才能用餐。

用餐區的座位大致上可分為吧檯、2人小桌(但我曾看過4個快頭不小的成年人在這種小桌用餐)、靠牆4人桌，與後面的大桌區。室內的昏黃燈光，木造家具，與地板的小瓷磚都透露出這間披薩屋創始時所屬的年代。值得一提的是店家把烘烤披薩的鐵盆當作桌上放置胡椒與鹽巴罐的收納盤，突顯特色之於也事先透露了披薩的厚度給顧客。假如不確定多大的披薩才能滿足你與同行人的胃口，除了徵求侍者的建議之外，也可以參照點餐櫃檯旁掛的披薩餐盤。

＊嚐過一次，就忍不住著了迷

我必須承認，我並非一個披薩迷。但是，Uno的披薩就是有神奇的魔力讓我對它著迷且念念不忘。怎麼說呢？光是第一眼看到披薩就已經讓我忍不住想要快點切開它，看看裡面到底藏些什麼。再來是咬下第一口時，厚實有嚼勁的餅皮與香甜多汁的內餡，馬上就顛覆了傳統披薩給我的感覺。總之，它就是好吃。

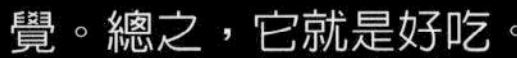

＊想要在Uno有個美好的用餐經驗嗎？以下是我的經驗分享。

首先，打算在中午時間用餐的人，最好在開店10～20分鐘前抵達，這時候雖然還不會開放入內，但親切的侍者會站在大門發放菜單，並接受點菜。(因為不接受預約訂位，想要及早用餐的唯一途徑就是避開尖峰時間)。Uno在星期一～五下午3點前有提供「午間快餐」4，內容包括一個小盤沙拉或湯，以及一個個人披薩(Individual Pizza)。我認為這是最經濟實惠的選擇，想想，以大約是一客麥當勞套餐的價錢就可以吃到芝加哥厚片披薩，何樂不為？個人披薩雖然是店內最小型的披薩，但以一般女孩的食量來說，吃完半個後應該就開始有飽足感(雖然我常有衝動想當下吃完全部)。

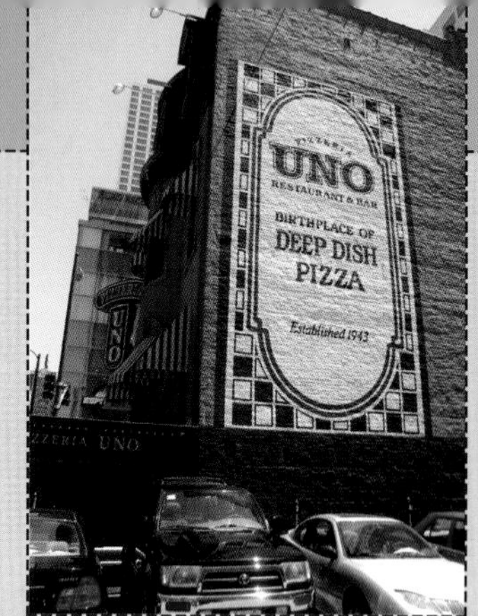

Uno全店有8種披薩，如果想要品嚐單純一點的口味，我會建議義大利碎肉披薩。此外，如果Uno已經客滿，除了轉戰到一街之隔的Due試試運氣外(Due的開店時間是上午11點，披Uno早半個小時)，也可以考慮直接購買冷凍披薩回家烘烤享用。

經典店家推薦

DATA >>>

[*1]
Pizzeria Uno (本店)
✉ 29 E. Ohio, Chicago, IL, 60611
☎ (312)321-1000
FAX (312)280-5125
http www.unos.com
🕘 星期一～星期五，11:30～01:00；
星期六，11:30～02:00；
星期日，11:30～23:30
休 無

[*2]
Pizzeria Due
✉ 619 N. Wabash, Chicago, IL 60611
☎ (312)943-2400
FAX (312)943-1995
http www.unos.com
🕘 星期一～星期四，11:00～01:30；
六，11:00～02:30；
星期日，11:00～01:30
休 無

▼2004年7月落成的千禧公園Millennium Park，內有未來感十足的克朗人造噴泉Crown Fountain。

地點：美洲／美國　　文字・攝影：蔡惠民

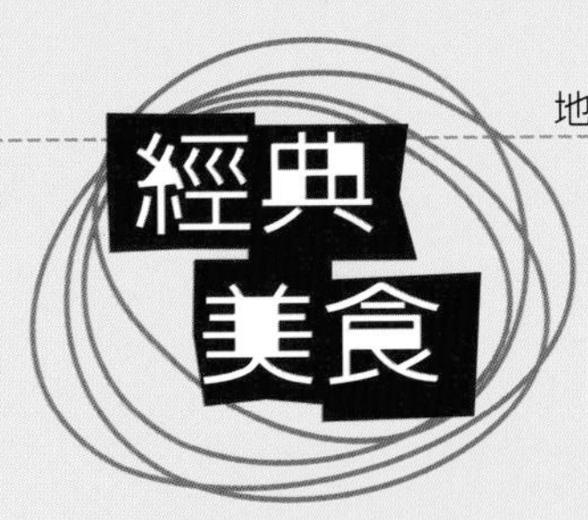

舊金山酸麵糰麵包 獨一無二的滋味

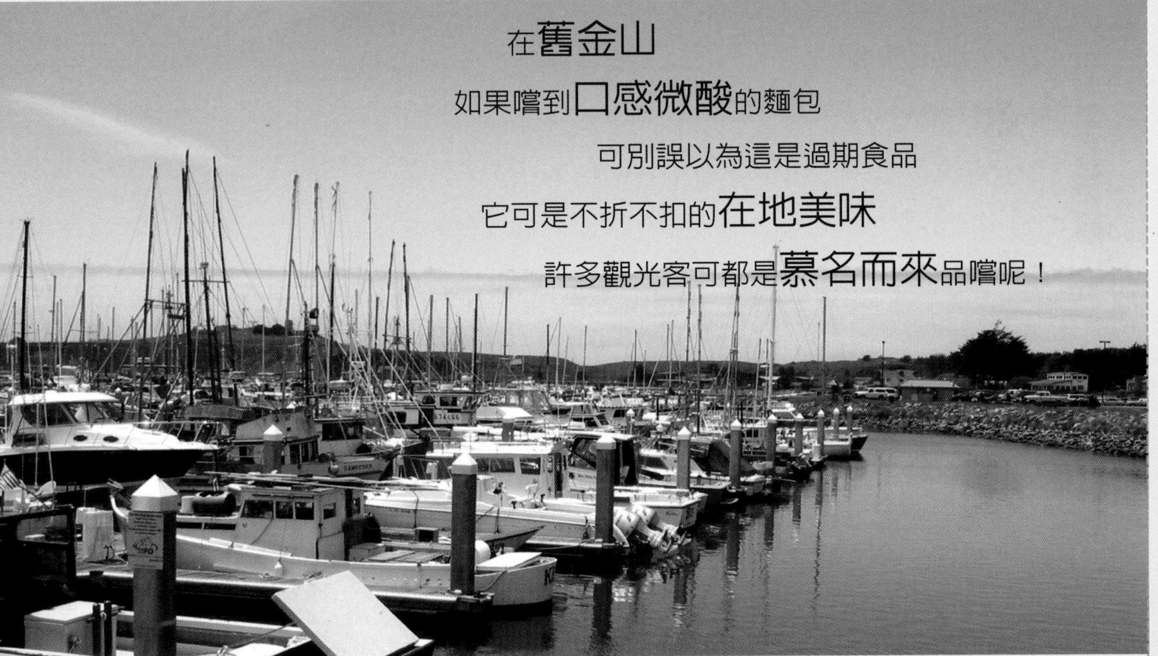

＊外表平凡 滋味獨特

來到舊金山，嚐嚐獨一無二滋味口感的酸麵糰麵包(Sourdough Bread)是一定要的。

其實酸麵糰麵包的製作並非舊金山獨創，其歷史甚至可遠溯到農業文明初始的埃及和美索不達米亞，其後隨著法義移民在墨西哥落腳，最後因加州淘金熱一路往北飄流，終在舊金山這個美食之都發揚光大。不過技術可以流傳，可成品的質地內涵卻無法複製，這也是為什麼以同樣古法發酵烘焙的酸麵糰麵包，在這裡硬是成就出一種專屬於霧都舊金山酸麵糰麵包酸而不嗆的口感，質地柔軟幽香的內裡，咬勁十足桀驁不馴的外皮。

▲左：明亮舒適的用餐環境。中：除了現場可品嚐酸麵包，許多人也喜歡買回家享用。右：開放式的廚房可以看到酸麵包的製作過程。

酸麵糰麵包的製作說穿了沒啥稀奇，它需要的元素再平凡不過，即天然酵頭、麵粉、鹽，至少12小時以上發酵，和揉麵師傅的巧手及關愛，而此味之所以在舊金山獨獨闖出雄霸一方的名氣，其獨道美味的秘密，就在於那舊金山特有溼潤氣候所孕育而成的在地野生酵母，和麵粉及水混合後，在時間催化下生成的天然酵頭，此酵頭成就了舊金山的酸麵糰麵包。

灣區屬一屬二手工藝麵包品牌ACME的天然酵頭，據說是在酒鄉Napa河谷所捕捉的，有此天然酵頭在手，以後只要每隔幾天定時餵以麵粉和水，每次烘焙取定量，就能永保不虞匱乏的舊金山酸麵糰麵包可食。至於元老級麵包烘焙咖啡坊Boudin Bakery，據說現在用的還是西元1849年創店時所用的那塊，已有150餘高齡的老酵呢！

＊最具親和力的平民美食

說舊金山酸麵糰麵包，是最具親和力且風貌最多元的在地平民美食，實一點也不為過。區區數塊大洋，就可以享用到一流手工焙烘的酸麵糰麵包，因著它既可為主食，亦可為餐桌重量級配角，此等能屈能伸的身段，使得享用它的時空場所毫無拘束，它可能化身在高級餐廳裡的餐桌上，優雅搭配頂級奶油即時入口生香；也可能現身舊金山街弄巷道裡的大大小小知或不知名的麵包坊櫃上，讓路過食客揣入懷中，隨性當街咬將品嚐。最最經典的場景，是碧海藍天海風徐拂的漁人碼頭，三步一小攤四步一大店裡必賣的蛤蜊海鮮麵包杯湯，挖空一個如湯碗般大小的酸麵糰麵包，豪放注入濃郁鮮香的蛤蜊濃湯，挖空的部份可以沾食湯汁享用，再用湯匙喝淨麵包碗裡的湯體，肚量仍就餘裕的話，再將吸盡湯汁精華的麵包碗身生吞活剝，飽了腸胃的同時亦暖了心房。

＊漁人碼頭旁難忘的酸麵團麵包蛤蜊濃湯

舊金山酸麵糰麵包個性十足的口感，對於在地風味之貼近了解是一種必要的體驗，但是如同各式美食般，愛者有之，不以為然者亦有之。對我這種麵包重度愛好者來說，舊金山酸麵糰麵包自有其迷人獨特的魅力，我曾經迢迢驅車到ACME柏克萊總店鵠候，只為一嚐新鮮舊金山酸麵糰麵包的滋味，白色紙袋裡散發出一股幽遠淡淡的撩人香氣，硬是忍著回到車上才剝而分食，那第一口的齒頰留香至今難忘。

雖然不是那麼喜歡紛擾雜雜觀光客充斥的漁人碼頭，不過老店Boudin Bakery &Café費時年餘打造完成的漁人碼頭旗艦店仍叫我為之大開眼界，占地2萬6千餘平方英呎的店頭，包括咖啡店、美食舖、露台區、簡餐舖、正式餐廳等，但最讓人激賞的是面對Jefferson大街，一派透明落地長窗內，由16名師傅22小時輪替上陣的烘焙示範及樓上的酸麵糰麵包博物館，在如此環境催情下，這一杯其實蛤蜊味道稍嫌不足的Boudin舊金山經典酸麵糰麵包杯湯顯得更加濃香襲人。

經典店家推薦

*1 ACME >> 在舊金山美食重量級人物Alice Waters的加持之下，堪稱灣區屬一屬二的古法手工麵包烘焙舖子，也是我目前嚐過的酸麵糰麵包之最，雖然ACME一向並不以正宗酸麵糰麵包諸如此類口號為標榜，除了柏克萊總店之外，市區本地美食齊集的Ferry Building Marketplace是其新據點，其他灣區走精緻路線的超市其實也可見ACME之芳蹤，只不過新鮮度口感略為小遜一籌便是。

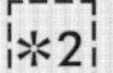

*2 Burdin Bakery & Café >> 西元1849年即創立，堪稱舊金山酸麵糰麵包的正宗始祖，自是有其不可撼動的地位，其分店遍及灣區，其至遠征芝加哥，其他地方更是上網即可購得，它的蛤蜊麵包杯湯很經典，不過味道我個人覺得味道一般，不過若到其漁人碼頭旗艦店一遊時，倒不妨來上一杯體驗體驗。

DATA>>>

*1

柏克萊店

1601 San Pablo Ave, (at Cedar), Berkeley
510-5241021
週一～週六08:00～148:00、週日08:00～15:00
只收現金

Ferry Building Marketplace

Marketplace Shop #15 (One Ferry Building, San Francisco)
415-2882978
週一～週五08:00～19:00、週六及週日08:00～17:00

*2

160 Jefferson Street, San Francisco
415-9281849
www.boudinbakery.com

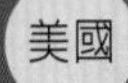

地點：美洲／美國　文字・攝影：陳婉娜

特色餐廳

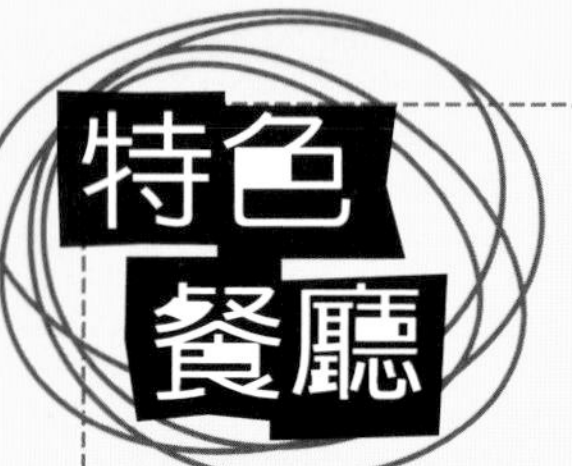

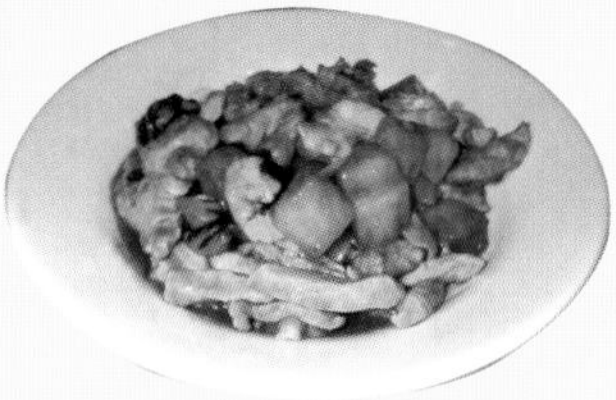

在舊金山 狂風暴雨下的用餐體驗

室內的餐廳怎麼會下雨？沒錯！這個餐廳在室內

卻會每一個鐘頭，打一次雷，下一場大雨

餐廳的中央是個大水池，坐在水池邊嚐美食，聽雷聲

看大雨叮叮咚咚的掉入水池，深得當地人的喜愛

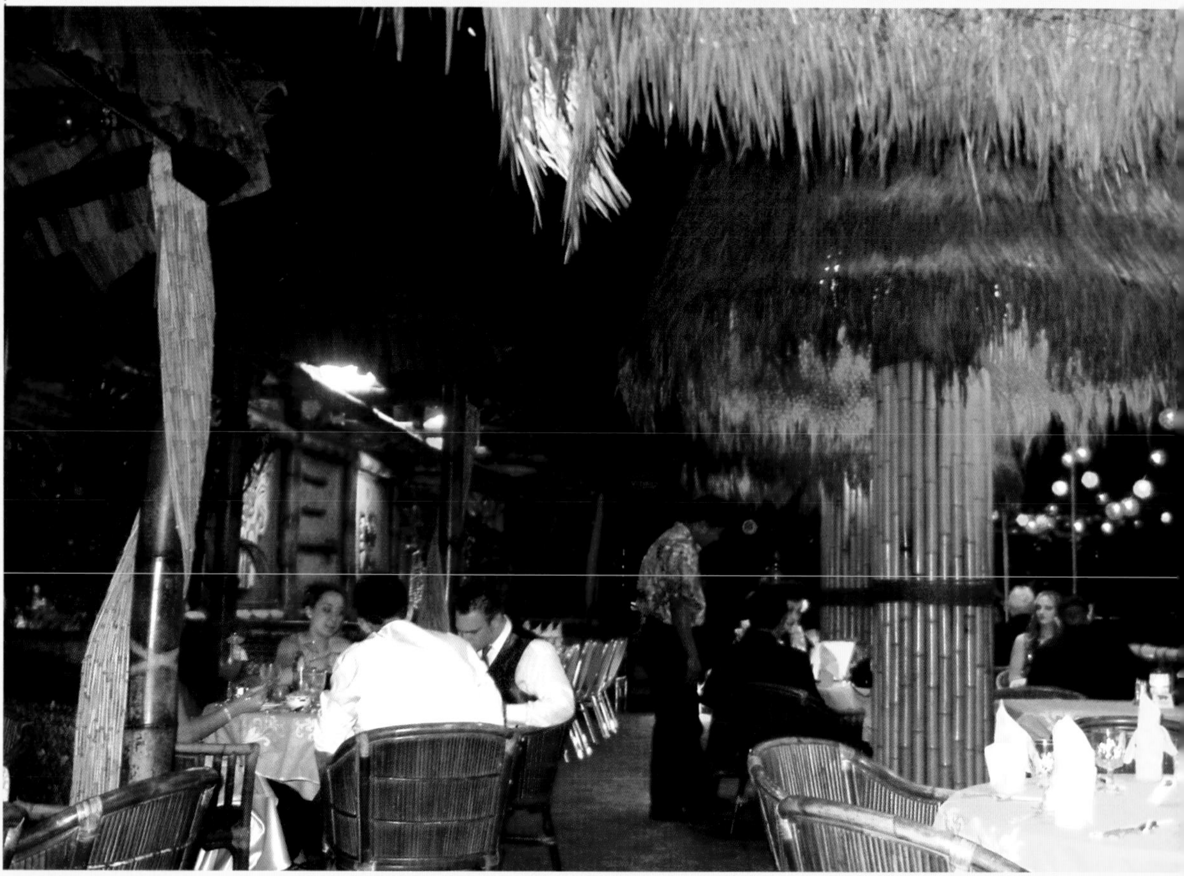

▶坐在熱帶雨林裡的草篷裡用餐。

▼屋頂上掛著魚網、藤木的裝飾，非常熱帶！

✻ 置身室內的大自然聲光饗宴

你去過會下雨的餐廳嗎？你在轟隆隆的雷聲中，享受過浪漫的晚餐嗎？這一次，當味蕾與美食交歡纏綿，不再是俗套的燭光助陣，而是伸手可及的大雨傾盆和暴雷貫耳，你會有什麼樣的驚奇感受？

風聲、雷聲、雨聲，不稀奇！但把大自然的景象，搬到室內的餐廳來，風聲、雷聲、雨聲、歌聲、跳舞聲，這下子，可就超酷超炫了！

平均每半個小時就會打一次雷，下一場大雨，我坐在水池的兩岸，看著雨滴叮叮咚咚的落入池裡，轟隆隆的雷聲響徹耳畔，這是個餐廳嗎？要不是眼前的碳烤咖哩明蝦，還裊裊地綻放著香氣，我恐怕還以為是在做夢呢！

✻ 身處熱帶雨林裡的浪漫夜晚

放眼四望，光線是紅色的幽暗，原始的草篷、赤道的植物、竹編的藤椅、銅製的提燈，如果不是漂蕩在水池中央的小船，亮起了旖旎的燈光，一陣陣悠揚的樂音從船上傳來，再一次提醒了我，這是個貨真價實的音樂餐廳，否則我還會以為，是在那個曠野雨林裡賞夜納涼呢！

餐廳是赤道雨林的佈置風情，一個一個的草篷，順著水池，綿延成一段旖旎的岸邊風光，木頭天花板上，掛著獨木舟和懶散的涼吊扇，好像是來到了哪個部落花園裡作客似的。

中央的大水池，不只是個裝飾而已，而是現場演奏的舞台，漂蕩在水池中央的小船，就是樂團的演奏地，當小船慢慢地在水池中央移動，突然間，大雨傾盆，雷聲貫耳，坐在草篷裡品酒、 嚐美食的人，無不嘖嘖稱奇，而正在舞池裡飆舞的人群，看著雨景聽著雷聲，隨著現場的樂聲，愈跳愈High，像暴風雨過境般狂high到底。

暴雨來得急，也去得快，雷聲威嚇，卻迅即而去，唯一不會改變的，是餐桌上的美食。

▶照片裡的白色小點，是落雨的水珠喔！

▼用餐區圍著水池，對看隔岸風光用餐非常浪漫。

✲ 來杯Mai Tai搭配亞洲風味餐點

幾乎內行的熟客都知道，這裡的Mai Tai雞尾酒，曾經被美國Conde Nast Traveler雜誌，推舉為全市中最棒的，而Mai Tai又是舊金山在1944年獨家發明的，在這兒，它可是和雨聲、雷聲齊名的。

打開菜單，各式各樣的亞洲風味餐點，看似親切又新鮮，從帝王牛排(Emperor Steak)、蒙古牛肉炒飯(Mongolian Beef Chow Fun)、夏威夷卡魯豬排(Hawaiian Kalua Pork) 到碳烤鮭魚(Hibachi Style Grilled Salmon)等等，無不融合了亞洲的烹調口味，讓東方味蕾的我倍感親切。

▲吧台打著七彩的迷離燈光。

咬一口卡魯豬排，微甜的滋味，像夏威夷海灣吹來的和風，特殊的民俗醬料，在口腔裡遊走，就像是味蕾的一次好奇冒險，融合著西方和東方的口感，就像餐桌旁暴雨滂沱般的，有一種衝突感的奇異。

▼Mai Tai雞尾酒為舊金山的獨家發明。

無論是在舞池裡飄舞，或是優雅地坐在赤道草篷裡用餐，當嘩啦嘩啦的雨聲滑過眼前，隆隆的雷聲敲進耳畔，宛如置身在颱風眼裡用餐一般，這裡獨樹一格的用餐情調，沒走進Tonga Room And Hurricane Bar前，你永遠也不會知道。

美食辭典 舊金山Mai Tai傳奇

西元1944年，在舊金山發明了Mai Tai雞尾酒，這種熱帶雞尾酒，充滿了牙買加風味，它是新鮮檸檬汁、甘桂酒(Curacao)、鋪在碎冰上的美麗調和。
又像果汁又像酒的Mai Tai，後來傳到了夏威夷還造成了大轟動，夏威夷人最後還改良了它，在果汁酒裡鋪上了糖漿，成了夏威夷味的Mai Tai。
一般的舊金山酒吧，都可以點到Mai Tai，來舊金山，當然別忘了這個正港的土產飲料喔！

DATA >>>

Tonga Room And Hurricane Bar

✉ Terrace Level, Fairmont Hotel, 950 Mason St. San Francisco

☎ (415) 7725278

🕒 5pm~midnight (晚餐從6pm開始，Happy Hour週一至五 5pm~7pm，週三至日8pm後有現場音樂表演)

http www.fairmont.com

地點：美洲／美國　　文字・攝影：陳婉娜

舊金山獨步世界的Cioppino義式海鮮鍋湯

舊金山最有名的是Dungeness螃蟹

但是吃Dungeness螃蟹最棒的花式吃法，是來一客Cioppino

這道料理可是全世界的饕客們，來到舊金山不可錯過的美食目標

＊歷經80年粹煉的經典美食

吃螃蟹有什麼稀奇的呢！只要新鮮，陽春的清蒸也覺得美味，但講究美食的饕客們，可不這麼輕易滿足，海鮮講究新鮮，更要講究它的醬料，Cioppino這道舊金山獨步世界的美食料理法，是由漁人碼頭的Alioto's 餐廳，在西元1900年發明的，通過時光的粹煉整整80年，不僅這個美食原創餐廳還在，甚至整個舊金山的義大利餐廳，都少不了這道經典美食，儼然成為舊金山最佳的美食代表。

Cioppino所使用的材料是新鮮的海鮮，如蚌殼、魚肉、大蝦、淡菜、再加上舊金山特產肥美的Dungeness螃蟹，裡頭的湯頭，可不簡單了，鮮美的微酸湯頭，牽引出海鮮的鮮甜，酸酸辣辣的口感，幾乎很少人不食指大動的。

這道舊金山在80年前發明的美食，全球唯一，而位於漁人碼頭上的Alioto's餐廳，相傳就是Cioppino的發明之母。已經快80歲的Alioto's餐廳，它在西元1925年以前，只不過是一個賣魚的小攤子，義大利移民Alioto先生，剛開始只是想在賣魚的同時，順便做一些熟食，結果生意愈做愈大，最後成了今天舊金山響噹噹的高級大餐廳。

Alioto的太太，也就是舊金山經典美食──Cioppino海鮮鍋湯的發明人，她獨創的這道美食，如今成為舊金山獨一無二的美食象徵。

＊Alioto's餐廳 品嘗最道地的Cioppino

要享用Cioppino，位於舊金山漁人碼頭附近的義大利餐廳，當然是不錯的選擇，而有小義大利之稱的北灘（North Beach），因為義大利餐廳林立，烹調水平也不錯，但這道美食的原創地Alioto's餐廳，當然還是最佳首選。走進Alioto's，先別急著搭電梯，走樓梯或許是個更好的選擇。高雅的樓梯間，牆壁上掛滿了有關這間餐廳的歷史老照片，一張一張泛黃的黑白照，說著他傲人的身世，如今餐廳已是第三代的營運，餐廳的光環恆照，這裡仍是漁人碼頭上最老的美食餐廳。

這裡的菜餚除了赫赫有名的Cioppino義式海鮮鍋湯之外，海鮮也相當有名，包括新鮮的魚、蝦、螃蟹，干貝，生蠔、淡

菜、龍蝦、墨魚等等，建議可以試試這裡的招牌前菜—海鮮香腸Seafood Sausage，這是繼Cioppino之外，Alioto's餐廳自己發明的，採用大蝦、干貝、番茄、香料，再加上奶油檸檬汁所灌製而成，絕無僅有。

＊漁人碼頭好風光搭配最新鮮的滋味

坐在Alioto's餐廳，浪漫的港灣景色，隨著開闊的窗玻璃，流洩成餐桌前浪漫無比的風景，對著好風、好景、再配上紅澄澄的Cioppino義式海鮮鍋湯，酸甜的湯頭，像是鮮美海鮮的甘霖，慢慢地引導味蕾，找出品嚐鮮美海鮮的一處新天地。

DATA >>>

Alioto's

8 Fisherman's Wharf San Francisco

(415) 6730183

www.aliotos.com

地點：美洲／美國　　文字・攝影：蔡惠民

特色餐廳

加州美食的源起
Café at Chez Panisse

旅行來到美國加州

當然要品嚐一下強調食材豐富的加州美食

融合了多國料理特色所發展出來的加州料理

足以安慰每個旅人的口腹之慾與精神

▲左：雙味索諾瑪郡(Sonoma County)鴨佐捲葉窩苣和嫩馬鈴薯。右：阿拉斯加大比目魚佐春蔬及香草奶油餐。

＊加州派美食的先驅者

隱身在柏克萊地區的Shattuck大道上的一角，猶如尋常百姓家的小小門面，攀爬著蔥榮綠意，猶抱琵琶半遮面的低調，讓初次登門朝聖的我，險些兒錯身。

「就是這兒了。」確認了地址招牌，我心裡這麼想著，由當今美國最具影響力及最受喜愛仰慕的名廚之一Alice Waters所一手打造的美食殿堂，在此催生了加州料理California Cuisine派系並使之發揚光大，隻手改變在地生活哲學信念和生態，讓餐廳所在方圓以內地區，發展成所謂Gourmet Ghetto美食集散中心之處所，即在於此。

登門入階，樓下右側座落著較為正式每日一份套餐別無選擇的旗艦店Chez Panisse，拾木階上樓，就是氣氛較為輕鬆的二店Café at Chez Panisse。裡頭的以原木為主要素材之陳設格局，近乎禪味的雅致，一如其內斂不張揚的外庭門戶，光晃晃的加州夏陽從木櫺玻璃窗透入，未近正午，已然滿室鼎沸，開放式的廚房，足以看得到廚師們律動的身手，聞得到烹煮的鮮香，聽得清爐鍋上的滋滋作響，接下來等待的是上桌時親嚐的驚喜悸動。

▲拜訪舊金山，除了美食之外，也不能錯過舊金山有名的Cable Car。

固定配合的有機生鮮漁獲、放養禽畜能夠提供什麼樣的上選食材。

在親切侍者的說明介紹下，此回一共點了三道前菜：茄醬鯷魚馬札瑞拉起司薄皮披薩，皮緣酥香餅心香軟，茄酸乳香鯷魚海鹹完美交揉，名列目前吃過好吃比薩之前鰲；原木香烤半月灣特產——小比目魚佐松子和紅醋栗，這是道至今仍叫我回味無盡的菜餚，魚外酥內嫩，在洋蔥紅醋栗的提味下，表露無遺的鮮甜魚味，若說是當日現撈現烤我都信；而極難表現的玉米糊湯，在春蔬甜豆和上好特級處女初榨橄欖油的的加持下，也有溫潤餘潤綿長的優雅口感。

＊色彩豐富 好看更好吃

二道主菜則更是精彩無瑕，阿拉斯加大比目魚佐春蔬及香草奶油，光是盛盤就是讓人

＊當季鮮食 原味品嚐

既是加州派菜系先驅健將，菜單上承載的自是其原味精神，簡而言之，就是選用本地當季時鮮材料，以義、法、日、越等世界各地料理手法重新詮釋而成的新派佳餚，不以繁複作法或奇新調味取勝，烹調旨在於彰顯加州豐美物饒之原汁原味，曾於南法取經的Alice Waters想當然爾以法國烹調手法為基調。這兒的菜單每日更新，絕少重覆，端看

神醉的春色無邊，鮮綠淺黃穿插交織，一入口更是令人陶然的魚鮮蔬香，那濃香合度的香草奶油，為清新主調抹上適度的奢華口感，連最後的湯汁也讓人忍不住用佐餐麵包給吃乾抹淨；而雙味索諾瑪郡(Sonoma County)鴨佐捲葉窩苣和嫩馬鈴薯，雙味鴨指的是爐烤鴨腿和炭烤鴨胸，沒有任何醬汁，靠的是恰到好處的烤藝和食材的原味撐大局，中間還帶點緋紅的鴨胸入口即得齒頰生香，無一絲鴨臊味，鴨腿外是一層薄薄的酥皮，裡頭卻是以餐刀輕輕撩撥即骨肉分離的嫩香，稍帶點苦味的捲葉萵苣平衡了鴨肉可能帶的油膩感，嫩馬鈴薯頂好霑著鴨汁食用。相形之下，最後的藍莓派佐香草冰淇淋則顯得中規中矩，不那麼令人驚豔。

一直以來即十分欣賞Alice Waters對食材對烹調的理念哲學，親身體驗其丰采後則更嚮往之，不靠炫惑人的技巧或奢華無度的頂級食材取勝，可是在Chez Panisse Café的每一口滋味都叫我回味再三，她讓我體驗到當季極鮮食材的真與美，一種不譁衆取寵卻幽然直入人心的原滋原味。

DATA >>>

1517 Shattuck Avenue(between Cedar and Vine), Berkeley

510-5485525

午餐週一～週四11:30～15:00、週六11:30～15:30；晚餐週一～週四17:00～22:30、週五和週六17:00～23:00，強烈建議事先預約。

可收各式信用卡

地點：美洲／美國　　文字・攝影：張懿文

特色餐廳

在紐約落地生根的披薩

沒錯，披薩起源於義大利
不過真正將披薩發揚光大的可要算是美國
尤其是在紐約
不僅成為紐約不折不扣的在地美食
更將之推廣到全美國、全世界

＊美國人是最愛吃披薩的民族

Pizza雖然來自義大利，美國人卻是全世界最愛吃Pizza的民族，美國人每年要吃掉40億個新鮮pizza，11億個冷凍pizza，平均一家人一年會吃30次pizza，而紐約則是讓pizza在美國落地生根的據點。

其實pizza在義大利一直是農民的主食，卻上不了檯面，賦予pizza新生命的是一個拿波里的烘焙師傅Raffaele Esposito，1889年，他為了迎接義大利國王Umberto及皇后Margherita的到訪，他特製了一款以紅(蕃茄)、白(馬滋拉起司mozzarella cheese)、綠(羅勒)義大利國旗三原色的「愛國pizza」，名為Pizza Margherita，結果引發熱烈迴響，也成為現代pizza的濫觴。

隨著義大利移民湧入紐約，pizza也隨著飄揚渡海而來。西元1905年，Gennaro Lombardi在53 1/3 Spring街開起了紐約第一家pizza店，100多年後的今天，Lombardi's依然在同一條街上繼續營業，而且用得是百年不熄的碳窯。

不過，pizza的狂熱真正延燒到全美還得歸功於美國大兵。二次世界大戰結束，許多在義大利參戰的美國大兵凱旋返鄉，他們念

念不忘義大利的pizza滋味，從此pizza席捲全美。Pizza Hut 於西元1958年在堪薩斯市(Kansas City)開第一家店，Domino Pizza也在1960年的底特律開張營業，pizza正式成為美國人的全民食品。

✲ 標榜傳統單純的好滋味

不過，當Pizza Hut把起司塞進pizza餅皮變成芝心pizza，達美樂的海鮮pizza鋪滿了蝦子跟花枝，在紐約的一般pizza保證找不到以上口味的pizza。紐約的pizza和當年義大利移民所帶來的pizza比起來幾乎沒啥改變，以皮薄、餡少、口味單純著稱，皮薄到可以對折起來邊走邊吃，餡少到最基本的口味只有一層馬茲拉起司、蕃茄醬餡料，口味單純到一般pizza店只有花椰菜、蘑菇、菠菜、義式香腸(pepperoni)等幾種選擇，而且很少人會把全部的餡料加在一起。

這樣的pizza究竟有啥魔力，可以讓紐約街頭三步一小家、五步一大店的pizza店都共榮共存？就是因為餡料單純，餅皮、起司及蕃茄醬就變成關鍵性因素，香脆的餅皮鋪上絲絲相連的起司，融合著略帶酸味的蕃茄醬，店家通常會先做好，客人點了之後再放進烤箱加熱，熱騰騰的pizza再隨各人喜好灑上洋蔥粉、乾Oregano香草，說有多香就有多香，一片只要2塊美金，堪稱紐約最物超所值的小食。

✲ 煤窯燒烤的才算紐約道地披薩

當然，這也不代表pizza無法登大雅之堂，許多紐約的pizza餐廳只供應一整個pizza，客人可任意排列組合餡料，現點、現做餅皮、現烤。除了在餡料上有一般街頭賣店沒有的較昂貴的食材，如鯷魚(anchovy)、蕃茄乾（sun-dried tomato）、橄欖外，最過癮的還是用磚窯或煤窯所烤出來的餅皮。相較於一般瓦斯烤箱所烤出來的餅皮，溫度更高的煤窯所烤出的餅皮多了一層淡淡的煙燻焦脆，這是嗜食紐約pizza者最極致的追求。另一方面，煤窯之所以稀少，是因為紐約的建築法規修訂後，新的餐廳已無法再申請煤窯，所以碩果僅存都是年代久遠的，如Lombardi's餐廳。

DATA >>>

Lombardi's餐廳幾乎永遠處於客滿的狀態，生意之好甚至將隔壁原本的酒吧都併購下來，這家擁有百年傳統煤窯的比薩店還真是愈燒愈旺呢！

✉ 32 Spring St.

☎ (212)9417994

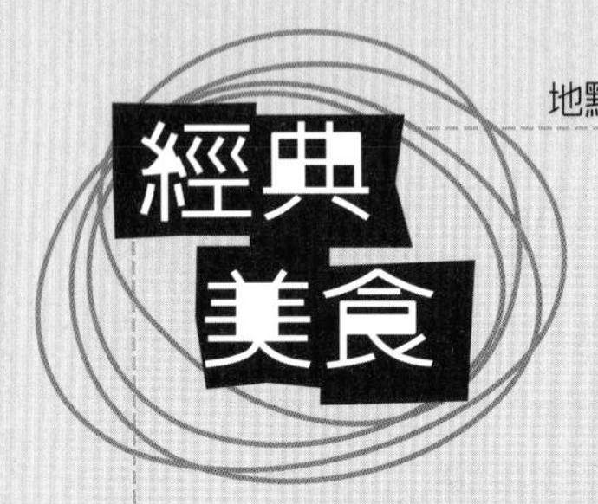

地點：美洲／美國　　文字・攝影：張懿文

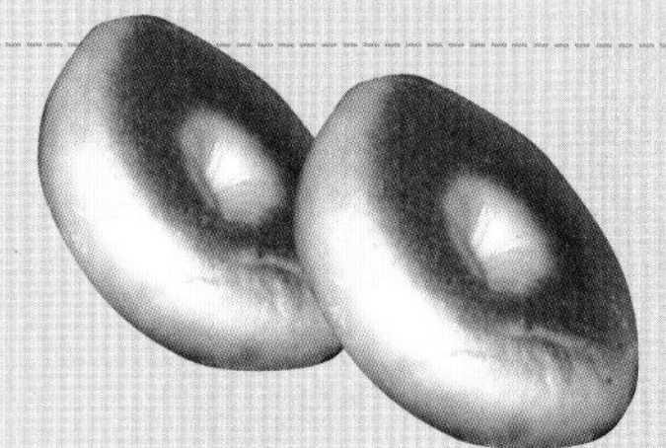

最能呈現出紐約風情的街頭美食—貝果

來到紐約
想要嘗試當個道地的**紐約客**
就買份**貝果**
坐在**中央公園**內的板凳上
品嚐一下吧
這可是**最經濟實惠**的
紐約滋味之一喔

＊源自猶太傳統的幸運食品

貝果（Bagel）來自德文的「bugel」，意思是圓形的麵包。也有一種說法是來自德文的馬鞍「buegel」，所以貝果的形狀是圓形、中空，像馬鐙一樣。話說西元1683年，一個維也納的猶太麵包店的麵包師傅，為了感謝波蘭國王John III擊退入侵的土耳其人而獻上特製的麵包，因為波蘭國王熱愛馬術，貝果就做成馬鐙的形狀。

在猶太人的傳統裡，貝果也是幸運的象徵，例如婦女生育後就會送上貝果當禮物，因為傳說貝果有魔法可以驅魔呢，而且其咬勁十足，也是小孩磨牙的食物。

至於貝果又是怎麼跟紐約扯上關係的呢？猶太人移民到紐約，也帶來了他們早餐必備的貝果。西元1910～1915年間，貝果在紐約落地生根。由於貝果的製作過程繁複，且需要

▼顧客可以選擇喜歡的食材來作為貝果的夾餡。

一定的技術，加上猶太人「家族事業」的傳統，除了「貝果工會」（Bagel Bakers Local #338）的成員及其兒子外，外人無法偷學到貝果的製作技術，所以當時流傳著「要學醫都比學做貝果來得容易」的說法。

✻ 學醫都比學做貝果來得容易

貝果之所以如此高難度，主因是麵糰在烤之前還必須先用滾水煮過，而麵筋裡的膠質就在此過程中被凝結，這也是貝果表皮有著琥珀般的顏色，咬下去又有嚼勁、韌性十足的原因。在貝果機器還沒有發明前，通常是由一組4人分工製造貝果，2個製作、1個烤、1個負責燒開水煮麵糰。

還好到了西元1960年代，在歷經多次的失敗後，貝果的機器終於誕生，貝果也開始大量生產，這個原本屬於紐約的猶太食品，以冷凍食品的方式行銷到全美國。由於紐約的水質特好，所以「Made in New York」紐約製造的貝果還是被公認最好吃的。

由於貝果的成分只有麵粉、水、酵母及麥芽，所以每一個貝果的熱量只有200卡洛里，十分符合現代人低脂、低熱量的飲食需求。就算不同口味的貝果，外層裹上芝麻、洋蔥、罌粟子、大蒜或是甜食口味的藍莓、肉桂等，健康依舊，口味卻更豐富了。

✻ 貝果的最佳拍檔

提到貝果，就不能不提cream cheese。將貝果一切為二，放進烤麵包機或小烤箱，烤得香韌的貝果，再抹上一層冰涼涼的cream cheese，那種張力十足的反差，相信是讓許多人情不自禁愛上紐約的理由之一吧。

除了什麼都不加的plain cream cheese外，許多店家或美食超市都會推出自家特製的cream cheese，如鮭魚、蕃茄乾（sun-dried tomato）、酪梨、青蔥口味等，滿足喜新厭舊的紐約客。

儘管如此，純粹的plain cheese加上燻鮭魚數片，再灑上一些酸豆及檸檬汁，還是紐約最經典的貝果吃法，幾乎是每一家餐廳Brunch的必備菜色。略帶鹹味、口感綿密的燻鮭魚，遇上愈嚼愈夠味的貝果，就是絕佳幸福的早餐滋味。就算不愛燻鮭魚，瑞士起司swiss cheese夾上猶太煙燻牛肉(pastrami)也是頗經典的吃法。

經典店家推薦

※1 **H&H Bagels >>** 紐約的貝果店，如果沒有一定的水準是很難生存的，就連巷口看似不起眼雜貨店的貝果也是臥虎藏龍，但如果真的要挑選代表性的店，則首推位於上西城的**H&H Bagel**。創立於**1972**年的**H&H**，曾經出現在「電子情書」、「六人行」、「歡樂單身派對」等多部電影及影集中。除了上西城的店面外，位於**46**街**12**大道的工廠每天生產上百萬個貝果行銷到全美及世界各地，是全球最大的貝果製造商之一。

※2 **Ess-a-Bagel >>** 如果要坐下來點份貝果好好品嚐的話，位於中城**Esses**的則是日本人的最愛，幾乎每次去那兒都會碰到大排長龍的日本人。不過那兒的服務卻出奇的慢，飢腸轆轆的你可要有心理準備喔。

DATA >>>

※1
2239 Broadway
(212)6958000

※2
831 Third Ave
(212)9801010

地點：美洲／美國　　文字・攝影：張懿文

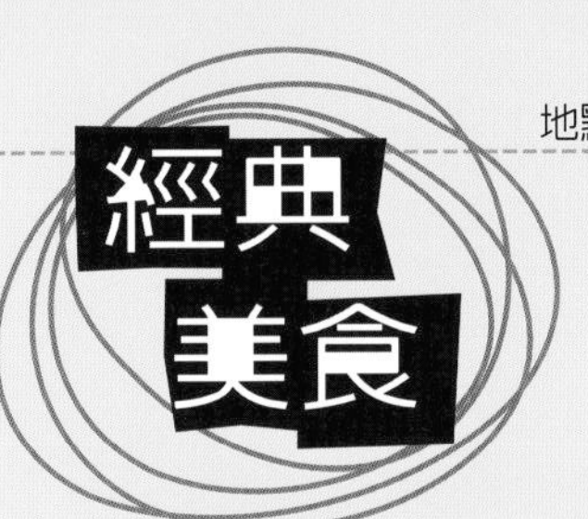

來一份紐約客最愛的熱狗

剛出爐的麵包中間夾上一大根熱狗
加入大把的酸菜、洋蔥
再擠上濃濃的番茄醬與黃芥末
就成了連紐約名人
都無法拒絕的美味

＊德國引進　落地生根

又是一個移民貢獻給紐約的食物，貝果是猶太人的，pizza是義大利人的，不甘示弱的德國人則帶來了熱狗。

熱狗可說是最早的加工食品，早在西元前9世紀荷馬(Homer)寫的《奧迪賽(Odyssey)》裡就提到「當一個男人坐在火邊拿著一條油滋滋、血淋淋的熱狗，迫不急待想烤來吃」(As when a man besides a great fire has filled a sausage fat and blood and turns it this way and that and is very eager to get it quickly roasted)。

熱狗是經過烹煮的混和牛肉及豬肉，或是純牛肉，添加了大蒜、粉狀芥末、鹽及白胡椒等調味料，雖然已經煮熟，一般食用前都會再加熱過。

德國人本來就是嗜食熱狗的民族，所以法蘭克福人宣稱熱狗是他們的傑作，還把熱狗稱做frank或frankfurters，他們還在西元1987年慶祝熱狗誕生500年呢。不過，我們所熟悉的熱狗推車及把熱狗夾在麵包裡的吃法，還是從紐約開始的。

✻ 從臘腸變成Hot Dog

西元1867年，職業是屠夫的德國移民Charles Feltman，在布魯克林的康尼島(Coney Island)開張第一個熱狗攤，外賣熱狗到海灘上的旅店跟啤酒吧，許多客人卻想吃三明治，於是他靈機一動，將熱狗夾進熱騰騰的麵包裡，同時克服了原本推車不夠大、放不下麵包的問題，結果推出後大受歡迎，第一年就賣掉了3684個熱狗麵包，直到他1910年過世，他的身價已經超過百萬美金。

不過，這一切和「狗」又有什麼關係呢？話說西元1902年的巨人隊棒球賽，冷颼颼的4月讓小販們原本準備的冰淇淋和汽水滯銷，於是他們連忙出外張羅熱狗，在帶回場內叫賣──「熱騰騰的獵犬臘腸(熱狗原本的稱呼)喔！要吃趁熱喔！」(Get your dachshund sausage while they're red hot!)

這時候，在記者間腸枯思竭的紐約晚報專欄漫畫家Tad Dorgan、一聽到，便畫下了一條麵包夾著有頭有尾巴獵犬的漫畫，結果一時想不起來「獵犬」怎麼拼，便信手寫下了hotdog，「熱狗」從此正式誕生。

▼紐約街頭路邊的熱狗攤未必是最便宜的選擇。

＊路邊攤未必價廉味美

熱狗攤是許多人在紐約與熱狗的第一次接觸，如在中央公園逛得飢腸轆轆，能買到的食物除了熱狗還是熱狗，不過這些熱狗的價錢還未必便宜，最常聽到的故事是明明標價上是1.5美金一個，結帳時卻變成2塊甚至2.5美金，因為1.5是小的，你手上拿的已經加好蕃茄醬的是大號的。所以囉，精打細算的紐約客是很少光顧這些攤販的。想吃經濟實惠又美味熱狗，跟著紐約客的腳步走準沒錯！

＊1 **Gray's Papaya >>** 西元1932年開幕至今的Gary's Papaya才是永誌不渝的最愛，慾望城市的凱莉、星星級的主廚，乃至街頭流浪漢，都愛光顧這家在西村、上西城都開24小時的小店，因為2.75美金的「經濟衰退特價」(Recession Special)可換來2個鋪滿酸菜、洋蔥百分百純牛肉的熱狗，無限供應的蕃茄醬、芥末醬以及一杯喝來沒木瓜味卻也不錯喝的木瓜汁。

＊2 **Nathan's >>** 另一家「國際知名」的熱狗店則是也位於康尼島的Nathan's Famous Inc.，從西元1916年開幕，每年7月4日美國國慶的吃熱狗大賽就是年度盛事，幾年前日本的大胃王小林來攪局並打破自己的紀錄，12分鐘內吃下53個熱狗麵包後，美國人就沒有再拿過冠軍了。雖然Nathan's在紐約都有分店，只是來到海邊的本店大口吃熱狗的感覺就是很夏天。

DATA >>>

＊1
- ✉ 402 6th Ave
- ☎ (212)260-3532
- ✉ 2090 Broadway
- ☎ (212)799-0243

＊2
- ✉ 1310 Surf Ave, Brooklyn
- ☎ (718)946-2202

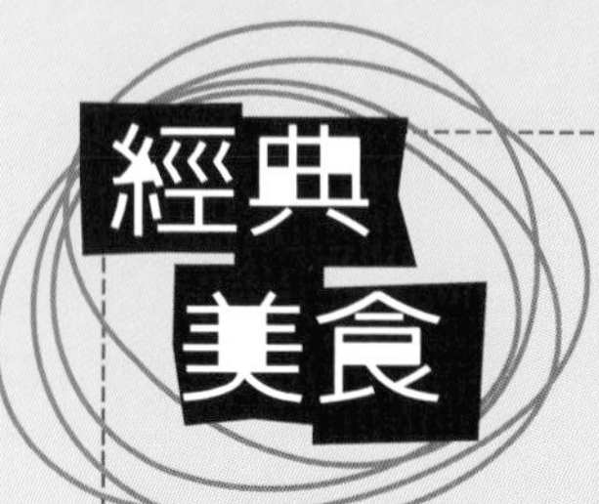

地點：美洲／美國　文字・攝影：陳玉治

「費城起司牛排」非牛排！

費城起司牛排其實不是真的牛排
起碼和你腦海中出現的牛排大不相同
若說是三明治，也許會更洽當一些喔！

＊非嚐不可的起司牛排

「到費城如果沒有吃過起司牛排，就不算完整！」（A visit to Philadelphia isn't complete without a traditional cheese-steak.）由這句口耳相傳的名言，就可以知道起司牛排是美國費城最為人所熟知的名吃了！

其實起司牛排並不是字面上的大塊牛排，而是用潛艇堡夾著碎牛肉與起司醬的一種速食。雖然說美國缺乏飲食文化，不過份量大的起司牛排堡，大口吃起來，也頗突顯美國人的豪邁風格。起司牛排堡最有名的兩家商店剛好開在對面，分別是Geno's Steaks與Pat's King of Steaks。

＊人聲鼎沸的創始老店

兩家費城起司牛排名店中，以Geno's Steaks的歷史必較早，它是由義大利裔美國人Joe Vento於1966年以6元美金所開設，創業當時他只有兩盒牛肉與幾條熱狗。Geno's Steaks起司牛排堡的組成很簡單，首先是切成細條的肋眼牛排，燉煮地汁多滑嫩，然後加上融化的起司與烤過

◀ Geno's 起司牛排

▼Geno's Steak門口大排長龍情形。

的洋蔥，再放進剛出爐的長條麵包中，就是可口的起司牛排堡。

Geno's Steaks由於聲名遠播，大部分的美國人到費城時，都會來這裡吃上一道，因此用餐時間人滿為患是常事。由於等候點餐的人龍很長，因此點餐時溝通時間很短，最好有心理準備，以免到時候發生混淆。

＊大口咬下 搭配汽水最對味

起司牛排堡的起司醬有三種，分別是Provolone、American和Cheese Whiz，如果不知道怎麼點，就點Cheese Whiz吧！因為這是當地人最常點的口味，至於汽水則分為中和大。等你一點完，櫃檯就收錢，起司牛排堡則另一個窗口送出。

Geno's Steaks沒有室內座位，只有在走廊上擺出幾個桌椅，供想現場吃的食客使用。走廊上的調味料包括蕃茄醬、芥茉醬、酸黃瓜醬、辣椒醬與墨西哥彩色辣椒等。

Pat's King of Steaks提供的菜單與價錢與Geno's Steaks差不多，生意同樣興隆，有些食量大的遊客，就兩家都吃，圖個經驗。

DATA>>>

Geno's Steaks

1219 S. 9th Street, Philadelphia, PA19147

215-3890659

24小時

休 無

$ Cheese Steak with Cheese Whiz(起司牛排堡)$5.75、Soda(汽水)$1.75，另外還需加7%的消費稅

▲甘迺迪廣場的LOVE雕塑吸引許多情侶共遊。

皮酥肉嫩的誘人北京烤鴨

西安色香味俱全的餃子饗宴

中國西北地區的羊肉泡膜

陽澄湖湖心品嚐現撈大閘蟹

蒙古草原一石頭碳烤全羊

烏茲別克抓飯 一把抓進口的美味

北印度令人吮指回味的坦多烤雞

封住原汁原味的土耳其陶甕羊肉湯

花樣多多又美味的韓國拌飯

香氣撲鼻的韓國烤肉

日本壽司海陸生熟兩極美味大碰撞

築地市場生猛海鮮有幸福的味道

營養滿點的日本鰻魚飯

大口吸才過癮的日本拉麵

風味多樣的日本隨你所好燒

在大阪自己動手做章魚燒

亞洲篇

幅員廣闊的亞洲

具有各式各樣豐富的文化背景

也因此發展出各地區獨具的美食文化

地點：亞洲／中國　文字・攝影：蘇皇寧

經典美食

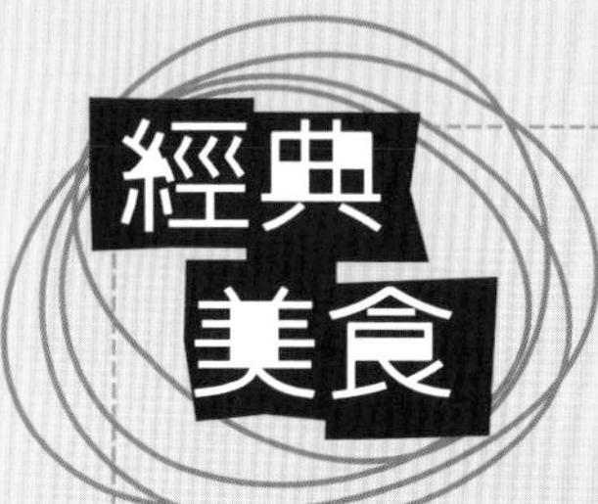

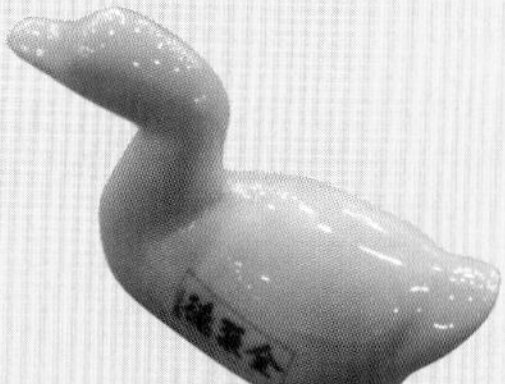

皮酥肉嫩的誘人北京烤鴨

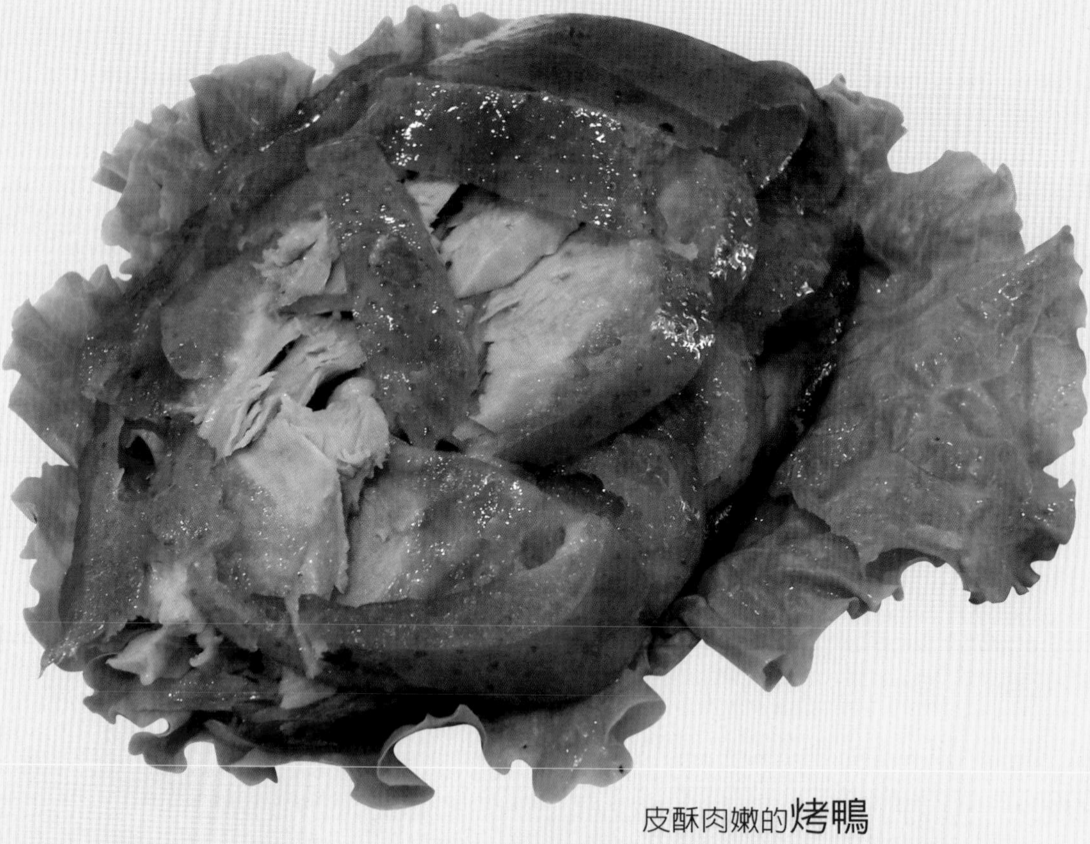

▶剛上桌的烤鴨閃著油亮的色澤、飄著濃郁的香氣，讓人口水直流。

皮酥肉嫩的**烤鴨**

已經成為**北京**的**最佳**美食代表

來到北京，若是**不來嚐**一下烤鴨的滋味

可別說你真的到過北京

▼在高檔的烤鴨餐廳裡，師父會在桌邊進行片鴨的服務。

＊不登長城非好漢，不吃烤鴨真遺憾！

北京有句俗話說：「不登長城非好漢，不吃烤鴨真遺憾！」這句話確切反映了烤鴨在北京的獨特地位，而烤鴨受歡迎的程度，也早已超越性別年齡和國界，成為旅人到了北京必定要嚐的世界級美食。

追溯烤鴨的歷史，早在元朝就已經是宮廷御膳珍品，歷經明清兩代，才逐漸傳入民間，甚至今日已遠赴重洋，飄香至美國。北京烤鴨主要分成兩個流派，一是掛爐烤鴨，二是燜爐烤鴨。馳名中外的全聚德，是掛爐烤鴨的代表，標榜用明火烘烤，烘烤時用棗樹、蘋果樹、或杏樹等果樹的木條，烤出表皮酥脆的口感。另一種燜爐烤鴨則是用暗火燻烤，燃燒木質較軟的板條將肉質燻烤成香嫩的質感，便宜坊是此流派的代表。

＊亮麗外表　講究吃法

烤鴨除了作法講究外，吃法上也毫不含糊。當年滿清大爺們光是捲鴨餅就有多種捲法。其中一種緇褓式捲法，將鴨肉包在荷葉餅中，然後左捲、右捲、再上捲。還有一種比較正規的捲法是左捲、右捲，而且要中指在下，拇指、無名指在上，小指還得翹起來呈蘭花指。

烤鴨的魅力，來自於烤得油亮的表皮，閃爍著金黃色的光芒，令人口水直流。源自果木薰烤後的濃郁香氣，更是讓人食指大動。等到終於把烤鴨送入口中，酥脆的鴨皮在嘴裡化開，搭配著極富彈性的鴨肉，真正是絕頂美味。

▶▲北京烤鴨的配菜小料很豐富，選擇很多。

＊ 豐富的配菜小料

吃慣了台灣的烤鴨，在北京吃烤鴨會有兩大發現，一是搭配的小料特別豐富，除了甜麵醬，還可以沾蒜泥或白糖；而荷葉餅除了包大蔥，還可以包黃瓜條、蘿蔔條。

另一個發現是除了烤鴨之外，將各種鴨內臟與蔥或韭黃等辛香類蔬菜爆炒，也成了一道道滋味絕妙的料理！

另外，以當地講究的吃法，通常都會在烤鴨上來前先點炸鴨肝、魯鴨舌等冷盤開胃。所以一整套烤鴨餐吃下來，宛如吃了一頓鴨子全餐。

經典
店家
推薦

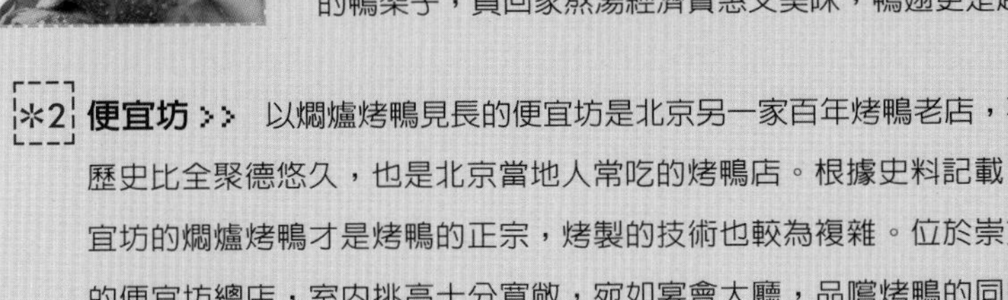

※1 全聚德 >> 北京的眾家烤鴨店中，名氣最盛的非全聚德莫屬。清同治三年全聚德由楊壽山創立，由於頂著金字招牌，價位也高。個人認為全聚德貴為最高價位，但烤鴨不見得是最美味的。反而是這裡的鴨內臟快炒，像是XO醬爆鴨胗、京蔥鴨心、宮保鴨三樣、香辣鴨肝、尖椒鴨腸等，做法及種類都比台灣豐富，而且快炒的功力道地，不試可惜。特別要提的是前門大街上的全聚德外賣部，每天都有人大排長龍買鴨架子和鴨翅。一副才5元的鴨架子，買回家熬湯經濟實惠又美味，鴨翅更是超值的下酒好菜。

▲鴨內臟快炒也是烤鴨餐廳內很受歡迎的熱炒料理。

※2 便宜坊 >> 以燜爐烤鴨見長的便宜坊是北京另一家百年烤鴨老店，不僅歷史比全聚德悠久，也是北京當地人常吃的烤鴨店。根據史料記載，便宜坊的燜爐烤鴨才是烤鴨的正宗，烤製的技術也較為複雜。位於崇文門的便宜坊總店，室內挑高十分寬敞，宛如宴會大廳，品嚐烤鴨的同時，似乎也感覺到充滿歷史的陳舊氛圍。

※3 大董烤鴨 >> 標榜「酥不膩」的大董烤鴨屬於改良式烤鴨，由於餐廳裝潢及餐具的選擇頗為講究，屬於高檔烤鴨店。大董烤鴨的小料最為豐富，總共4碟8種，鴨皮沾上細白糖，特別解膩。這裡的火燎鴨心、燒四寶，還有多種冷盤如鴨肝、鴨翅、鴨舌頭、鴨肉凍等等，花樣百出，讓人真正見識到「鴨席」的豐富多變。

※4 鴨王 >> 鴨王既非歷史名店，亦非金碧輝煌的高檔烤鴨店，但是北京當地饕客聚集，總是人聲鼎沸、座無虛席。這裡的烤鴨講究斤兩十足的肥鴨，招牌菜有水晶鴨舌、香菇鴨翼、鹹水鴨肝、芥末鴨掌，尤其蔥爆鴨腸特別令人難忘。三五好友相聚熱鬧的鴨王大啖烤鴨，配上清涼的燕京啤酒，鴨肉的獨到美味齒頰留香。

DATA >>>

※1

和平門總店
宣武區前門西大街14號樓
86-10-6302-3062

正陽門店
宣武區東交民巷44號
86-10-6512-2265

王府井店
東城區帥府園13號
86-10-6525-3310

京信店
朝陽區東三環北路甲2號
86-10-6466-0896
11:00～14:00、17:00～20:30

※3

朝陽區團結湖北口3號樓
86-10-6582-4003
11:00～14:00、17:00～21:00

※2

哈德門飯店便宜坊總店
北京市崇文區崇外大街甲2號
86-10-67112244 預訂電話：86-10-67112244-1202
11:00～14:00、17:00～20:30

※4

建國門店
北京市朝陽區建國門外大街24號(建國門麥當勞東側)
651569088、65156909
11:00～14:30、17:00～22:30

地點：亞洲／中國　　文字・攝影：陳玉治

西安色香味俱全的餃子饗宴

餃子是中國北方的傳統料理，不過這幾年，流行餃子宴
透過廚師的巧思，將尋常餃子衍生出各種造型與口味
把視覺與味覺的美感發揮地淋漓盡致

＊在西安發源的餃子筵席料理

以麵粉皮包裹餡料製成的餃子，在許多國家的飲食文化中都存在，比較著名的除了中華料理之外，還有俄羅斯料理與義大利料理。餃子古稱「角」，主要是以形狀命名，根據中國大陸的考古發現，遠在唐朝的墳墓中，就有餃子的遺跡，因此是一項歷史悠久的食品。餃子傳統上，是在歲末的年度交替

▲造型、口味變化豐富的各色西安餃子。

▼珍珠水餃與一般水餃的對比

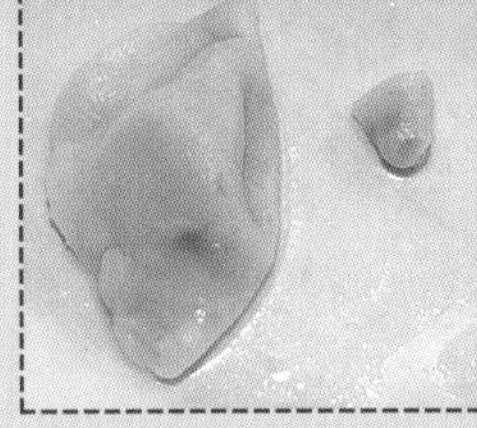

時食用，俗稱「交子」，在世代流傳之下，就成了「餃子」。

餃子宴是西安的飲食界，所發明的一種料理，把中國北方常吃的餃子，衍生成各種形狀與餡料，作成甜鹹各種口味的餃子，就是餃子宴。在西安，想要品嚐一頓餃子宴，當地最著名的餐廳之一德發長餃子館會是個不錯的選擇，不僅可大開眼界，欣賞造型變化多樣的餃子外型，品嚐起來的滋味當然也是令人回味再三。

✻ 造型變化多端的視覺享受

德發長餃子館創立於1936年，這是一家以餃子宴聞名的餐廳，由於位於市中心的鐘鼓樓廣場，所以生意不惡。德發長的餃子宴，講究「一餃一型，百餃百味」，餃子的內餡除了牛、羊、豬肉與海鮮等常見的餡料之外，還有芹菜、核桃等許多少見的餡料，各種餃子造型頗具創意，內餡又變化多端，口味獨特。

餃子宴中最特別的，要算是只有圖釘大小的珍珠水餃，這種水餃是與現煮的餃子湯一起上，吃起來很有意思。此外這裡的餃子宴，是以套餐的形式來販賣，所以即使一個人來也可以點菜。除了餃子宴之外，德發長也以新派海菜和傳自唐朝宮廷的黃桂稠酒聞名。

✻ 一個人也可大啖餃子宴

在西安吃餃子宴，除了德發長餃子館之外，另外一家解放路餃子館，也是著名的老字號國營餐廳。西安的餃子宴，在業者的努力開發之下，已經有108種變化，而且用了蒸、煮、煎、烤、炸等各種不同技法，形成「一餃一味、百餃百形」的盛況。在德發長吃餃子宴，是屬於套餐形式，依照人數多寡，可以有不同的組合。如果只有一個人，也可以點餃子宴。不過以口味來說，餃子宴的變化雖多，但是仍以傳統的牛羊豬肉餡最為美味。

經典店家推薦

DATA >>>

✻1

德發長餃子館

✉ 西安市西大街鐘鼓樓廣場

☎ 029-7214060、7214065

◷ 10:00～21:00

$ 餃子宴60元/人，包括16種綜合蒸餃與鍋貼、16個水餃、餃子湯與珍珠水餃，碧羅春茶30元/壺

地點：亞洲／中國　　文字・攝影：陳玉治

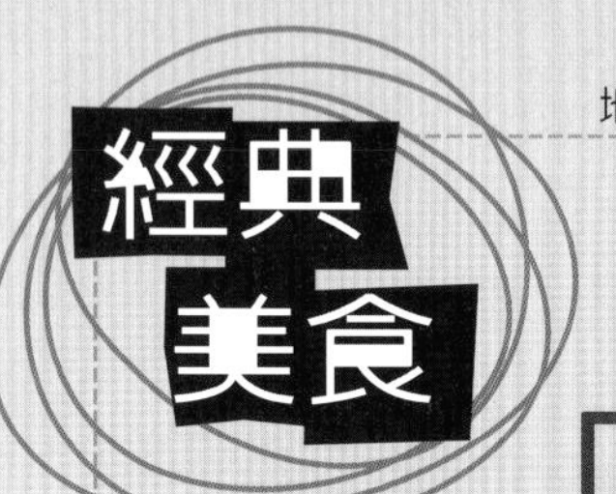

中國西北地區的羊肉泡饃

泡饃是中國大陸西北地區
最具特色的餐食
許多遊客來西安旅遊時
都不忘前來品嚐
享受一下最道地的滋味

▲口味偏鹹的同盛祥的羊肉泡饃很受當地人的歡迎。

✻ 品嚐前得先自個兒動手掰

所謂饃是麵餅的意思，泡饃所用的饃，是一種半熟的麵餅。吃的時候，會先將整塊麵餅送到客人的桌上，然後由客人自己掰成細塊，愈小愈細愈好，但是因為這種饃頗有硬度，所以掰起來並不輕鬆。

饃掰完之後，放進碗內，服務生會將散饃拿到廚房內，沖入滾燙的羊肉湯，將饃燙熟。羊肉湯內除了羊肉之外，還有粉絲，吃的時候再加入糖蒜、香菜與辣油，就是最道地的羊肉泡饃。

泡饃因為用的是高筋麵粉，所以相當有嚼勁，而且因為西北的百姓個性豪放，泡饃時常都做得很大碗。因此俗諺的「陝西十大怪」中，就有一句「泡饃大碗賣」！除了羊肉之外，還有牛肉泡饃，但是因為泡饃是一種清真食品，所以一般並不用豬肉。

＊從周朝的羊肉羹演變而來

泡饃是一種很古老的食品，相傳起源於中國古代的羊肉羹。羊肉羹是周朝時祭祀與飲宴的一種菜餚，源遠流長一直流傳下來，宋朝石的大詞人蘇東坡的詩中，就曾經提到過「隴饌有熊臘，秦烹惟羊羹」的句子。由於中國北方的主要農作物是小麥，小麥製成的麵條、麵餅，就成了尋常百姓的主食。據說羊肉泡饃就是再古代時，人們無意間將麵餅放入羊肉羹中混合而食，然後逐漸演變發展而來。

＊羊肉泡膜最受在地人喜愛

羊肉泡饃是西北百姓吃泡饃時，最普遍的吃法，簡稱「羊肉泡」。羊肉泡饃的羊肉湯，適用綿羊的骨頭，加入當地多種香料燉煮而成。除了傳統的羊肉與牛肉泡饃，近年來在西北地區還興起吃葫蘆頭泡饃。所謂的葫蘆頭指的不是植物的葫蘆，而是動物的腸子，吃起來另有一番風味。吃泡饃時，掰泡饃是吃前的一種樂趣，尤其要掰細到「蜜蜂頭」大小並不容易。因為花費力氣甚多，現在一些餐廳甚至用機器的代客掰碎，雖然方便，但是少了許多趣味。

經典店家推薦

＊1 老孫家飯庄 >> 老孫家飯庄是西安飲食界的百年老店之一，最早創立於西元1898年。店內最有名的料理就是牛羊肉泡饃，號稱「天下第一碗」，是大陸的「中華名小吃之一」。這裡的泡饃口味較清淡，雖然比較不對當地人種口味的調調，但是對於外地遊客，卻比較容易接受。

＊2 同盛祥飯庄 >> 同盛祥飯庄創立於1909年，也是西安飲食界的百年老店之一，目前在大陸有十餘家聯鎖店，而且還通過ISO9002的品質認證。在西安如果問當地人，大都會推薦同盛祥飯庄的泡饃，因為味道比較正宗。和老孫家的泡饃比較起來，同盛祥的湯頭比較鹹，而且味道較為濃郁。

DATA >>>

＊1	＊2
西安市東關正街78號	西安鐘鼓樓廣場
2482828、7212835、7214636	7210079、7217512
8:00～21:00	7:30～22:00
羊肉泡膜13.8人民幣	牛/羊肉泡膜13人民幣

地點：亞洲／中國　　文字・攝影：陳婉娜

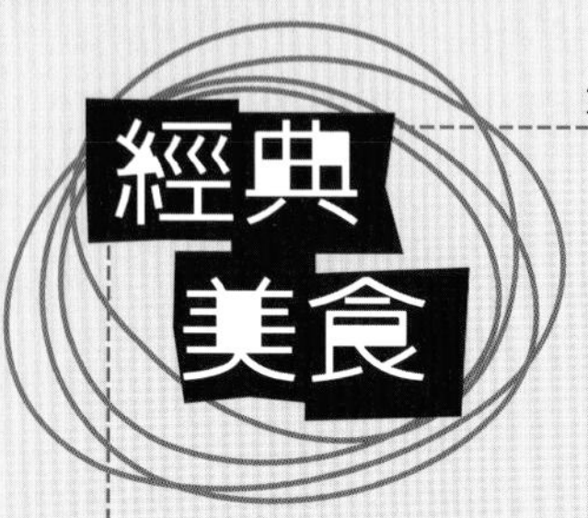

陽澄湖湖心品嚐現撈大閘蟹

▲還吐著泡泡剛從湖裡撈來的大閘蟹

大閘蟹有人間**第一美味**之稱
而中國**陽澄湖**出產的大閘蟹
更是**舉世聞名**
乘快艇實地到陽澄湖
在湖心的船屋中
當場由師父**現撈現煮**的原味大閘蟹
對喜愛螃蟹的饕客們而言
又怎能錯過！

＊蟹中極品　饕客的最愛

哪種螃蟹最好吃？只要是刁鑽的饕客們都知道，螃蟹的等級分為6種，其等級依次為：1湖蟹、2江蟹、3河蟹、4溪蟹、5溝蟹、6海蟹，而第一級品的湖蟹，又以中國蘇州陽澄湖出產的大閘蟹，為極品中的上品，堪稱人間第一美味。

而料理螃蟹的方法，有清蒸、水燉、薑炒等等，但講究的饕客們都知道，螃蟹的上乘料理，是以整隻清蒸為最佳，一般剝了殼的蟹肉快炒，有可能是次極品，因此需用要別的調味料，掩蓋其味道，而清蒸最能吃到螃蟹的新鮮滋味，毫無矯飾，反而異常甜美，屬螃蟹的上乘料理。

那麼，如果親身前往蘇州的陽澄湖，在湖心船屋，品嚐從湖中現撈的大閘蟹，對著湖岸風光，吹拂著和風，當場大快朵頤一隻隻清蒸肥美的螃蟹，這種極品蟹加極品料理的交乘吃法，是不是美食家的人間仙境呢？

＊現撈的鮮美滋味

位於蘇州市東北方的陽澄湖，面積120平

美食辭典 吃大閘蟹的學問

大閘蟹雖然好吃，但是性寒且帶溼毒，因此，皮膚過敏、膽固醇高、體質虛寒的人不宜食用。吃蟹時，可以用薑醋作調味料，可以幫助消化，更可以助殺菌，配酒喝更好，可以解蟹寒，或是喝點薑水，都有去寒的功效。

不要吃未煮熟的大閘蟹，因為生活在湖底的螃蟹，喜歡吃小生物的屍體，腸道內含有大量的細菌，所以，不食未徹底煮熟的螃蟹。

▲陽澄湖所在地的蘇州也以庭園之美著稱。

方公里，約18萬畝，分成西湖和東湖，南連蘇州城，北鄰常熟山，這裡盛產70多種的淡水魚，如桂魚、甲魚等等，而湖中出產的大閘蟹，堪稱世界第一極品，有蟹中之王的美稱。

從上海先集合，經過2個小時的車程，由遊覽車專車載往昆山的陽澄湖，再搭乘小快艇飛馳到湖心的船屋，船屋上有餐廳和廚房，大廚現撈現煮新鮮的大閘蟹，讓新鮮的蟹味無所遁形，而站在船屋上遠眺湖上的螃蟹人家，親眼觀看抓蟹師父的絕活，由他們的現場口述，了解到雌蟹和雄蟹的分別，甚至是養蟹的技法……等。

啃一口蟹腳，「嗯！真的是這一輩子吃過最鮮美的大閘蟹啊！」鮮嫩的蟹味完成征服了味蕾，參加過上海旅行團「陽澄湖品蟹之旅」的我，真的由衷的說，秋天品蟹的上乘玩法，就是親征陽澄湖品蟹去！

＊ 秋天時節才有陽澄湖品蟹之旅

當宜人的秋風吹起，俗話「九雌十雄」之說，就在饕客們的心中悄悄發酵，因為每年農曆9月到年底，都是大閘蟹的季節，農曆9月的雌蟹，肥美異常，農曆10月就要吃雄蟹，因為此時的雄蟹較肥美，通常蟹肚圓形的是雌蟹，三角形的是雄蟹。

秋天尤其是農曆9月後，就是品味大閘蟹的最好季節，一般上海的中國旅行社，都會推出「陽澄湖的品蟹之旅」，一天的行程，費用約人民幣100元上下。

◀上：乘坐小快艇到湖心去吃螃蟹。中：正在湖中籠子裡現撈大閘蟹的抓蟹師父。下：師父正在捆紮，客人吃完了還要買著帶走的螃蟹。

地點：亞洲／蒙古　文字・攝影：王光玉・陳國瀚

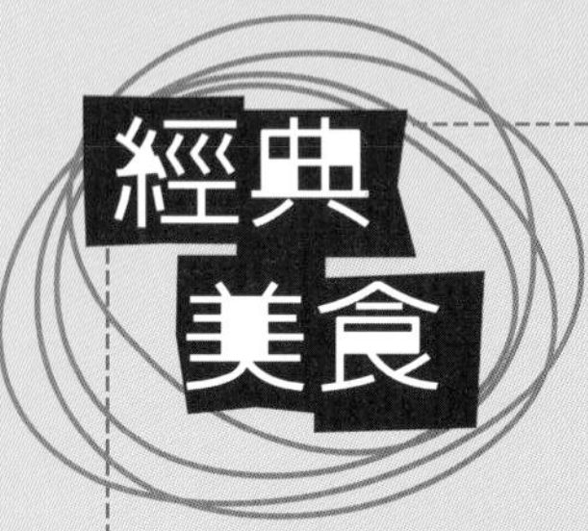

蒙古草原──石頭碳烤全羊

▶羊肉要大塊吃才過癮。

在蒙古境內
放眼望去多的是
一望無際的草原風光
當然也就免不了大口吃肉
大口喝酒的豪邁場景
石頭悶烤的蒙古全羊
包你吃的過癮！

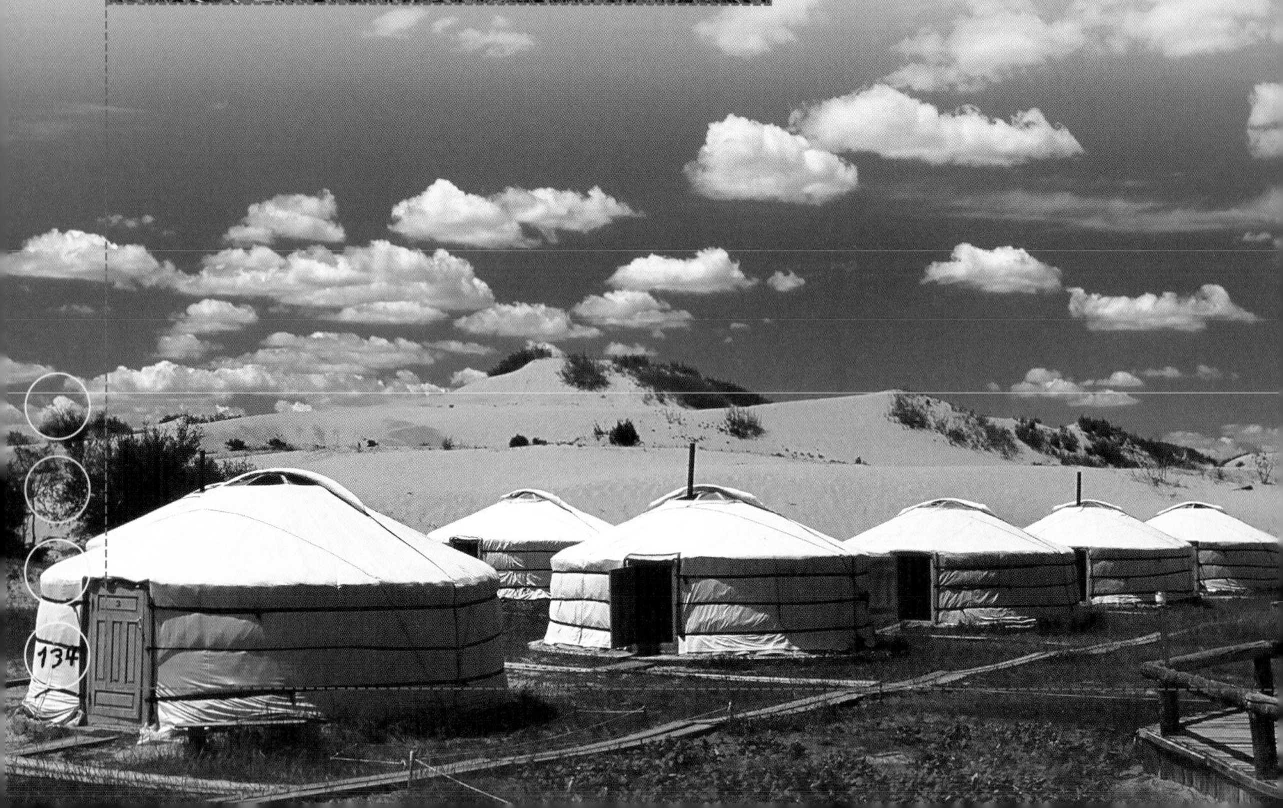

▲左：野地生長的蔥可作為烤肉的調味。中：大塊石頭、大塊肉混和放入筒中悶烤。右：悶烤的羊肉帶有碳烤的焦香與甜嫩的湯汁。

＊蒙古國碳烤全羊，滴油不漏

印象中的蒙古烤羊，是隻光溜的全羊在烈火上翻轉，金黃焦香，油汁滴滴落。但走遍蒙古國可是找不到這種烤羊肉，蒙古人說：在火上烤肉太浪費，好吃的肥油都滴光了。

數百年前傳承至今的蒙古烤羊，是以鐵桶悶烤的特殊料理，只在那達慕大會、婚宴或招待貴賓的盛大節慶才吃得到。

通常是由男人現宰一隻羊，不到一個鐘頭就肢解完畢。此刻，親友已生起一堆熊熊烈火；孩子們則從河邊抱來一堆拳頭大的鵝卵石，埋入火堆悶燒。

先將肋骨、腿骨鋪在50公分高的鐵桶底層，再從火堆中翻出火紅的石塊丟入，桶口滋滋地冒出了烤肉香的白煙；而後，一層大塊羊肉、又一層石塊、撒一些鹽與洋蔥，裝滿鐵桶後加一些清水，封蓋之後扛起桶子大力搖晃，使羊肉與石塊充分接觸，再將鐵桶放入火堆餘燼悶燒。大家繞著火堆圍坐，期待草原盛宴最鮮美的滋味。

▶可付費商請一般蒙古包的牧民代為烤羊肉。

＊草原盛宴迎賓客草原

除了在都市的餐廳、度假村蒙古包餐廳享用烤羊肉外，最有意思的是在蒙古草原上與牧民們一塊參與準備大餐的工作，享受草原盛宴。蒙古包外，男人們忙生火、磨刀宰羊；蒙古包裡，女人忙揉麵糰、炸麵餅、做包子、蒸餾奶酒，親朋好友們也從四面八方騎馬來赴宴。

在草原上極目四望，一圈地平線包圍的草原與蒼穹，全是這場盛宴無邊際的場地。頂著夏日午后的艷藍天，迎著微風裡的草香與糞土味，與蒙古牧民敞坐無窮盡的天地，一場重大節慶才有的「石頭碳烤全羊」盛宴，在咿咿的馬頭琴聲中展開。不需太多的語言，只管大塊吃肉大碗喝酒，眼神與歌聲是最好的溝通。

＊大塊吃肉暢享蒙古豪情

打開鐵桶的蓋子，冒出屢屢白煙與肉香，教人口水直流。吃烤羊肉要學著蒙古人的吃法，才能品嚐大塊吃肉的豪情：取

▼吃烤羊肉配奶酒或伏特加更過癮。

一大塊帶骨的羊肉，以蒙古刀切下一塊放入口中咀嚼，鮮嫩羊肉帶有石頭悶烤的焦香，咬下去流出清甜的肉汁，一點也不腥臊，再嚐一碗鍋底的肉湯，滋味真是甘美。

不過，那塊大波羅麵包般的羊屁股，切成的大塊肥肉，看起來讓人害怕，但卻是蒙古人的最愛，也是招待賓客的聖品！但別擔心，只要說明不敢吃，蒙古人並不會勉強。

大口吃肉的同時，當然也少不了大碗喝酒。半透明的奶酒、酸甜的馬奶酒、溫潤的蒙古伏特加，去除羊肉的油膩口感，更增添草原盛宴的歡樂氣氛。

＊哪裡吃蒙古烤羊肉？

石頭碳烤全羊在草原上享用最過癮，最方便的方式，是向蒙古各景點的度假村訂購，但一隻羊足以供十幾個人分食，可召集朋友、或其他遊客一同享用。烤肉前記得請蒙古人少放些鹽，較合台灣口味。

最有趣的是向草原上的蒙古包牧民購買一隻羊，商請代為料理，與牧民們一塊享用，更有樂趣。

在烏蘭巴托高級的蒙古料理餐廳、大飯店的餐廳也有供應，可單點。因料理費時費工，部分餐廳需事先預定。

◀左：羊肉餡餅。中：蒙古炒麵。右：羊肉包子。

1.喝奶茶可去除羊肉的油膩感。2.屁股的肥油是招待賓客的上品。3.夏天的馬奶酒大碗喝才過癮。

地點：亞洲／烏茲別克　　文字・攝影：王光玉・陳國瀚

經典美食

烏茲別克抓飯 一把抓進口的美味

▶一份抓飯約台幣20元。

以信奉**伊斯蘭教**為主的**烏茲別克**民風淳樸

是個貼近了解此**宗教生活**風貌的好地方

而源起自當地的**抓飯**，也是體驗當地風情不可錯過的**道地美食**

◀千百年以來烏茲別克是絲路的重鎮，貿易繁榮。

✻ 絲路古城烏茲別克的抓飯

絲路從新疆、哈薩克、吉爾吉斯、烏茲別克一路往西，大部分的人都信奉伊斯蘭教，所以餐廳裡不賣豬肉而以牛羊肉為主；這一路上的每家餐廳裡，幾乎都有「抓飯」這道美食，其中，以烏茲別克的抓飯最好吃。

抓飯起源於烏茲別克，當然口味最道地。顧名思義「抓飯」是用手抓著吃，但歷經蘇聯時期的影響，現在大部分的人多用湯匙、叉子進餐，以手抓食的情況偶爾可見。

想要品嚐抓飯要趁早，通常餐廳每天只煮一大鍋，賣到中午就沒了。每天早晨，餐廳老闆先將大塊羊肉下鍋油炸，之後加入泡過水的米粒、當地盛產的葡萄乾、豆子，再加清水，鋪上黃蘿蔔絲後悶煮40分鐘即熟。做法很簡單，但是米粒要悶得好吃可不容易，祕訣在於油、水的份量拿捏與火候的控制。

開蓋時，熱騰騰的蒸氣綜合了米飯、羊肉與紅蘿蔔甜甜的香氣，讓人垂涎。老闆翻出大鍋最底層的肉塊，切成小塊，將米飯盛入盤內綴以蘿蔔絲、羊肉，熱呼呼的端上桌。

✻ 傳說的古城裡享用美食

烏茲別克的三大古城：撒馬爾罕、布哈拉、希瓦古城，青色穹頂、藍色釉磁的清真建築群之間，市集裡戴呢帽、穿藍袍的小販，忙著捕捉客人的視線，招攬生意；中亞臉孔的烏茲別克、塔吉克等多種民族，來來往往的挑選商品。

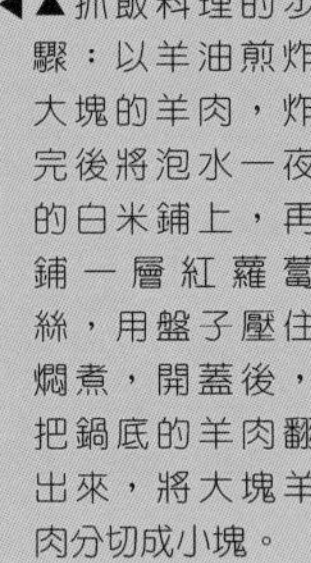

◀▲抓飯料理的步驟：以羊油煎炸大塊的羊肉，炸完後將泡水一夜的白米鋪上，再鋪一層紅蘿蔔絲，用盤子壓住燜煮，開蓋後，把鍋底的羊肉翻出來，將大塊羊肉分切成小塊。

1.烏茲別克人信仰伊斯蘭教，隨處可見清真寺建築。2.烏茲別克的樂器有各式各樣不同款式。3.貼在火坑壁上烤的饢，是中亞人的主食。4.精緻美麗的盤子可當裝飾品。

◀千百年前絲路繁華時期，古人也曾在這些古城裡逛街。

坐在古城巴札(市集)裡的路邊攤小吃，享用抓飯別具古意，不禁想像著傳說中的阿里巴巴和四十大盜，曾出現在古城裡，從前的商人與駱駝隊，曾在古城裡忙著採購絲綢、地毯，讓人彷彿回到古絲路的繁華盛況。

烏茲別克古城裡的餐桌很有趣，是一張木製的大床，客人坐在「床」上的羊毛毯上，圍著中央的小桌子用餐，尤其冬天盤坐著感覺特別溫暖。

✲ 羊肉香飯粒Q蘿蔔甜

從新疆、哈薩克、吉爾吉斯一路往西，不愛米食的我對油膩、糊軟的抓飯沒有半點興趣。直到烏茲別克我竟愛上了抓飯，而且吃過7、8家店，每家的抓飯都很好吃，黃羅蔔絲鮮甜無腥味、羊肉塊香而軟嫩，最吸引我的是被胡羅蔔染成金亮的米飯特別香Q，類似炒飯的Q勁，但用油燜熟的口感大不同，粒粒飽滿滋潤不油膩，讓我每天都要吃一大盤。

◀烏茲別克人用餐是坐在這種「床」上圍著小木桌吃。

搭配現烤的羊肉串、饢(烤麵餅)、紅茶，在小吃店花台幣40、50元，就可以享用道地而豐盛的一餐。

✲ 哪裡享用抓飯？

抓飯是烏茲別克每個餐廳、小餐館的基本食物，每個城市或鄉村的大餐廳、小吃店、路邊攤、市集都可以吃到抓飯。在布哈拉、撒馬爾罕、希瓦的旅遊景點附近的餐廳都有；每家口味略有不同，但都同樣的香Q美味。

◀餐廳、小吃店、路邊攤都可以吃到抓飯。

店家一大早在店家門口料理抓飯，擺在門口一大鍋金黃黃、香噴噴的，吸引客人前來品嘗；記得吃抓飯一定要趁早，一般賣到中午就沒有了，只能望著大鍋底興嘆。過了中午之後，可以試試較大的餐廳，晚上通常仍有供應。

地點：亞洲／印度　　文字・攝影：王瑤琴

北印度令人吮指回味的坦多烤雞

▶香辣濃郁的坦多烤雞，是北印度特色料理之一。

受到宗教與文化影響
印度的飲食習慣自成一格
其中以雞肉料理
最普遍也最受歡迎
而當中最受歡迎的一道雞肉料理
就是以土爐烘烤而成
的坦多烤雞

＊中世紀期已廣受歡迎的料理

中世紀時期，蒙兀兒帝國統治印度長達2百年之久，使得印度的建築、藝術和飲食習慣皆深受回教文化的影響。

北印度料理中最為有名的「坦多(Tandoor)」，就是蒙兀兒食譜最主要的烹調方式。「坦多(Tandoor)」料理是將各種肉類或麵餅、放進一種圓錐形的土爐裡面烘烤而成。

由於印度教不吃牛肉，因此「坦多(Tandoor)」料理的肉類方面以雞肉、羊肉為主，其中以烤雞(Tandoori Chicken)最受歡迎。除了烤雞以外，還有烤羊肉(Tandoori Mutton)、烤魚、烤麵餅……等。不僅在各地的大小餐廳都可吃到，連一般印度家庭也少不了這道食物。

印度烤雞的烹調方式，是將1/4隻左右的雞肉塗抹上香辛調味料，接著用一根鐵棒將每塊串成一串，然後再放入土爐中加以烘烤。不僅聞起來香噴噴，口感也相當濃郁。

印度烤雞出爐後，由於味道比較辣，所以擺盤上桌時，多半搭配檸檬、小黃瓜或切成細絲的紅蘿蔔、洋蔥……等生菜，食用時不必再沾辣醬或甜醬。

▲泰姬瑪哈陵是印度最著名的古蹟建築，屬於蒙兀兒帝國的文化遺產。

◀在印度各地的高級飯店內，都供應有種類多樣化的美食料理。

▼在高級飯店的自助餐飲中，可以品嚐到坦多烤雞和其他美食。

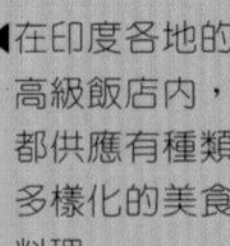

✻ 幾乎每家餐廳都少不了坦多烤雞

坦多烤雞(Tandoori Chicken)雖是北印度料理的代表，然而在印度各地或尼泊爾境內都可品嚐得到。

在印度吃烤雞，可以前往當地人常去的小型餐館，也可以在高級飯店所附設的餐廳享用。不過為了安全起見，還是選擇衛生條件良好的高級餐廳為佳。

在印度各大城市，幾乎每家餐廳都有供應烤雞料理，其中比較高級的餐廳多半採用透明廚房，讓客人看到坦多烤雞和烤餅現場製作的過程。

這些餐廳的服務人員多穿著傳統民族服飾，餐廳內部的佈置以暖黃色的燈光，搭配牆壁上的印度宮廷繪畫；有的餐廳晚上會有現場演奏的西塔琴或民族音樂，有的餐廳則是播放印度電影主題樂曲。

在印度各地的高級餐廳用餐，可以看到坐在裡面的客人，除了外國遊客以外，都是種姓階級較高的當地人；從他們身上所穿的服裝和配飾看來，即可得知印度社會貧富懸殊的景象。

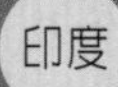

▶ 印度烤雞吃起來比較乾，適合搭配豆泥與其他菜餚一起食用。

※ 搭配清淡的蔬菜或麵餅最對味

在印度旅行時，我最常吃的料理是坦多烤雞、以及原味的麵餅(Nan)、菠菜泥或扁豆糊(dal)等。

印度烤雞屬於重口味的食物，吃起來有點辛辣、也有點乾，所以我喜歡選擇搭配清淡的蔬菜泥、麵餅或拉西(Lassi)飲料一起食用。

印度烤雞外表烤得乾乾的，聞起來很香，入口之後，不僅可以感覺到雞肉和香料完全融合的濃郁香氣，也可以品嚐到雞肉本身的鮮嫩肉質；使得原本不喜歡肉食的我，也能夠接受這種愈嚼愈有味的口感。

經典店家推薦

※1 **Baluchi(新德里)** >> 這是一家供應北印度料理的餐廳，內部裝飾充滿濃厚的印度風格，充滿優雅的氣氛。此餐廳的菜單種類相當豐富，除了有名的印度烤雞以外，還有各式各樣的肉類和咖哩料理，在此享用午餐比晚餐便宜許多，但是晚餐時間都有印度民族音樂演奏，周二除外。

※2 **Moti Mahal(舊德里)** >> 位於舊德里的人氣餐廳，具有悠久的經營史。這家餐廳推出種類豐富的傳統菜餚，其中以印度烤雞為招牌料理。由於味美價廉，吸引許多當地人和遊客前來用餐；每周日晚上會有傳統舞蹈表演，晚餐時間最好提前預約。

DATA >>>

※1
- Barakhamba Rd. 7, New Delhi
- 從康諾特廣場(Connaught Place)步行約5～10分鐘
- 2332-0101
- 12:30～15:00、19:30～0:00，無休

※2
- Nataji Subhash Mg.Old Delhi
- 從迦密清真寺(Jama Masjid)步行約1～2分鐘
- 327-3661
- 12:00～23:45

1.位於新德里的高級旅館，都附設有裝潢華麗的美食餐廳。2.坐在齋浦爾的餐廳用餐，可以一面享用烤雞料理、一面欣賞拉賈斯坦傳統樂器演奏。3.印度的高級餐廳多設有透明廚房，可供客人觀看烤雞和烤餅的製作過程。4.住宿於印度的皇宮旅館，可以坐在美麗的花園內用餐。5.印度皇宮旅館所附設的餐廳，是將桌椅擺設於拱柱的迴廊之中，具有獨特的風格。6.在印度各地都可看到露天的菜市場，販售有各式各樣的蔬果和香辛料。

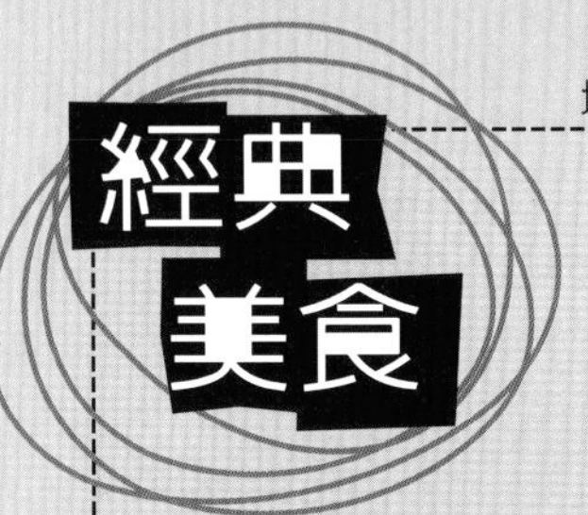

地點：亞洲／土耳其　　文字・攝影：王瑤琴

封住原汁原味的土耳其陶甕羊肉湯

▲盛裝於陶碗的羊肉和湯汁，適合搭配米飯一起食用。

在土耳其中部的卡巴多奇亞區域
以奇特的岩石地形與
早期的洞窟生活遺跡
吸引了大批遊客前往
而此地最具有當地風味的料理
是用陶甕烹調的羊肉湯
也成為喜好美食的遊客不會錯過的一道料理

＊用當地製作的陶罐密封起來的濃郁滑嫩

土耳其料理被視為世界第三大菜系，由於地處歐、亞兩陸的十字路口，所以菜譜中融合有多種飲食文化特色。

土耳其是信奉伊斯蘭教的國家，根據回教傳統不可以吃豬肉，因此肉類料理以羊肉、牛肉、雞肉為主要食材。其中尤以羊肉湯、羊肉串燒、羊肉片等最受歡迎。

在土耳其各地，雖然都可品嚐到羊肉湯，但是以卡巴多奇亞地區最具特色。此地餐廳多將羊肉和各種蔬菜、裝進卡巴多奇亞特有的陶甕，並且將甕口密封起來，經過數小時的慢火燜煮後，才完成這道佳餚。

▲餐廳服務人員用菜刀敲開裝有羊肉湯的陶甕。

陶甕羊肉湯Tandir Kebab上桌之前，需由服務生手持菜刀敲開甕口，接著將羊肉和湯汁倒入餐盤中，再送到客人面前。這道羊肉湯，不僅搭配有多種菜蔬，也使用植物香料調

▶ 在土耳其的餐廳，可以看到入境隨俗的遊客頭戴傳統圓帽。

味，因此羊肉滑嫩可口、湯汁鮮美，沒有一般羊肉的腥騷味。

＊洞窟餐廳內享用 氣氛最佳

在土耳其的伊斯坦堡，幾乎每家餐廳都可品嚐到羊肉湯料理。伊斯坦堡地區的餐廳，內部裝飾皆具有濃厚的伊斯蘭風格，其中有些餐廳利用清真寺改建而成，有些餐廳則是開設於舊皇宮之中。

在卡巴多奇亞地區，由於擁有特殊的奇岩地形，所以最具特色的餐廳或旅館皆位於洞窟之內。此地的洞窟餐廳，利用天然的巨岩怪石挖鑿而成，不僅具有冬暖夏涼的功能，而且不必經過太多裝飾，即可呈現出粗獷的美感。

在卡巴多奇亞的洞窟餐廳，可以看到服務人員清一色為男性，有的頭上戴著傳統圓帽，有的穿著色彩鮮明的背心。坐在這些洞窟餐廳，可以一面用餐、一面觀賞民族舞蹈或音樂表演。

在土耳其各地，雖然處處可見餐廳林立，但是以料理為名的餐廳，多半沒有明顯的招牌或華麗的門面。此類餐廳供應有價廉味美的傳統菜餚，只要向當地人打聽即可找到。

◀ 卡巴多奇亞地區的餐廳和旅館，皆利用當地的天然岩層開鑿而成。

▶ 在卡巴多奇亞的洞窟餐廳內享用美食，別有特殊風味。

Tandir Kebab

＊ 讓人回味無窮的風味料理

在土耳其的伊斯坦堡，雖然也可吃到傳統的羊肉湯，但是坐在卡巴多奇亞的洞窟餐廳，看著香噴噴的羊肉從土製的陶甕中倒出來，感覺更加特殊。

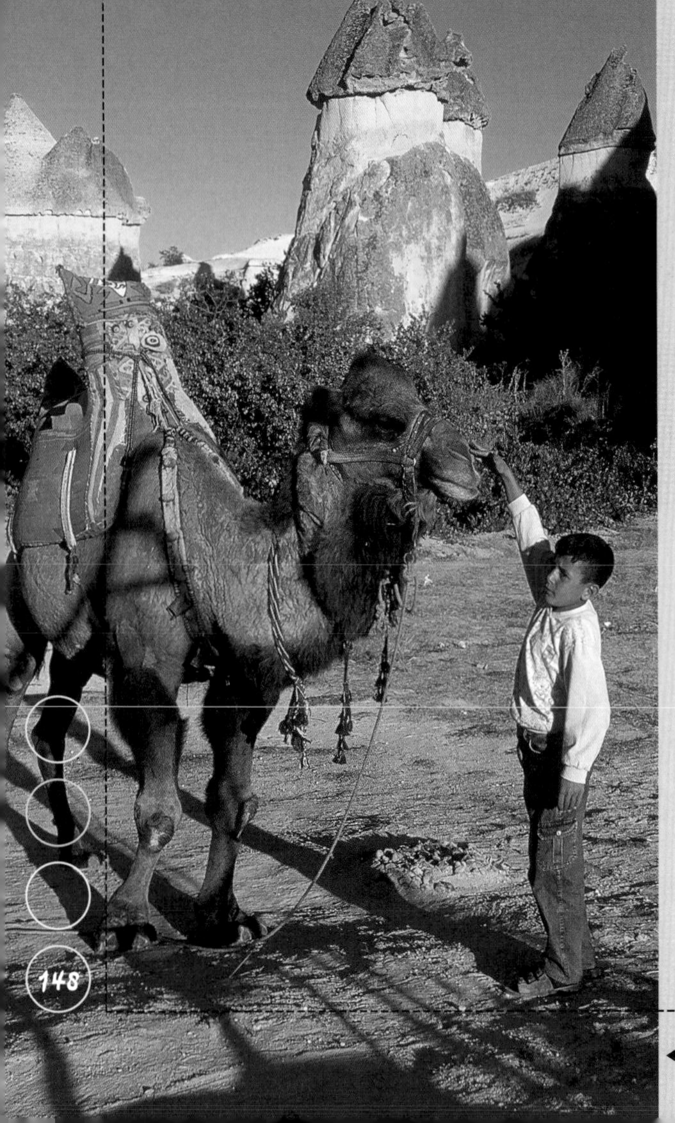

這道羊肉湯採用陶甕加以燜煮，因此羊肉和菜蔬都燉得爛爛地，非常容易入口；不僅可以咀嚼到羊肉的細嫩肉質，也可以喝到菜蔬與湯汁融合在一起的清甜味道，讓人回味無窮。

我在世界各地都品嚐過羊肉料理，但是以卡巴多奇亞地區烹調的陶甕羊肉湯最令我難忘。這道羊肉湯，雖然看起來很普通，但是卻將羊肉的鮮美和陶甕的燜煮方法發揮到極致，所以吃起來更具風味。

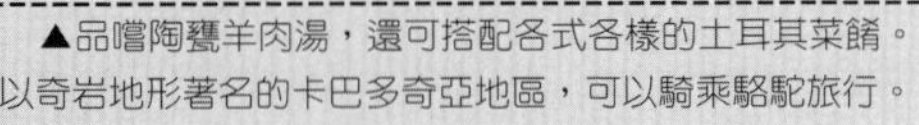

▲品嚐陶甕羊肉湯，還可搭配各式各樣的土耳其菜餚。

◀以奇岩地形著名的卡巴多奇亞地區，可以騎乘駱駝旅行。

※1 Darruzziyafe(伊斯坦堡Istanbul) >> 此餐廳位於蘇雷曼尼亞清真寺旁邊，原本是清真寺的一部分，曾經作為救濟窮人的公眾食堂，後來又變成土耳其蘇丹舉行宴會的場所，現在被改建成風格獨特的餐廳；除了土耳其傳統菜餚之外，也供應有各式各樣的甜點和果汁。在此用餐，還可聽到旁邊清真寺傳誦而來的可蘭經祈禱聲。

※2 Somine Cafe and Restaurant (卡巴多奇亞Cappadocia) >>

卡巴多奇亞地區有許多洞窟餐廳，此餐廳位於厄古普鎮中心的吉姆夫里耶廣場，是本地最有人氣的餐廳，主要客人為老饕和卡巴多奇亞地區的行政首長。

這家餐廳的招牌菜是陶甕羊肉湯，服務人員會將陶甕端到客人面前，當場用刀器敲擊，然後倒出美味的羊肉湯，十分有趣。除此之外，此地供應的包餡薄餅、陶甕蔬菜、蘑菇起士，都值得一嚐。

DATA >>>

※1

- ✉ Sifahane Cad.No.634430 Suleymaniye
- ➡ 搭乘市區街車，在Beyaeit站下車，步行經過伊斯坦堡大學廣場，然後往右側街道直走，大約15分鐘抵達。
- ☎ (0212)5118414-5
- FAX (0212)55261891

※2

- ✉ Cumhuriyet Meydani ，Urgup，Cappadocia
- ➡ 從伊斯坦堡搭乘長途巴士抵達厄古普鎮(Urgup)的Otogar巴士站，步行約5分鐘抵達吉姆夫里耶廣場(Cumhuriyet Meydani)。
- ☎ (384)341-8442
- FAX (384)341-8443

地點：亞洲／韓國　　文字・攝影：陳芷萍

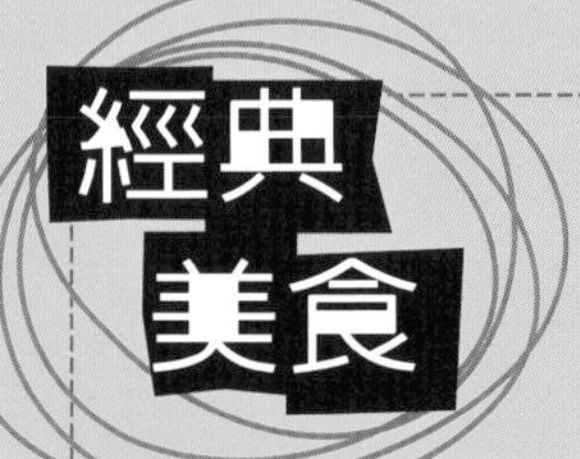

花樣多多又美味的韓國拌飯

▲韓式拌飯是韓國米食文化的代表料理，尤以全州拌飯最著名

拌飯，故名思義就是把飯拌一拌
在白飯上**加**幾樣**蔬菜或烤肉**
與**辣椒醬、生蛋黃**攪拌均勻
多重**食物混搭**出來的滋味和口感
很意外的竟然**美味極了**

▲拌飯故鄉全州是座千年古城，人文薈萃，散發著濃濃的古都風情。

◀中國人是吃飯配菜，韓國的拌飯卻是要把菜和飯拌在一起，拌得愈均勻愈好吃。

✻ 韓國米料理食最佳代表

關於米飯這件事，實在令人匪疑所思，東西方不少國家都產米，吃法卻大不相同。光是系出同門的亞洲中、日、韓三國，同樣以米飯為主食，卻各自發展出獨特的米食文化：中國的炒飯、日本的壽司，韓國最特別的就屬「拌飯」了。

關於拌飯起源眾說紛紜，一說是中秋節或掃墓時祭祀過的醃菜和米飯，食用有保佑平安之意；也有人說是窮人的食物，把剩菜剩飯拌而食之；還有一種說法則與一位高麗王朝的皇帝有關，皇帝吃的御膳料理就像韓劇《大長今》裏頭演的，盤盤碟碟的菜擺滿整張桌子，韓國稱為「12碟」，一頓下來往往要好幾個小時，而這位皇帝忙於朝政，廢寢忘食，就叫御廚把12碟的菜全都倒在一個大碗裏，跟飯拌在一起，囫圇吞棗，沒想到竟創出一種全新的飲食法，從此流傳後世。我比較喜歡後者的說法，韓國人這麼用心保留這項傳統美食，或許就是對這位勤政愛民的皇上做出的最佳敬意。

✻ 變化多端的拌飯內容

拌飯的起源雖難考証，發源地卻是相當清楚。韓國全境有七成是山地，尤以北方最為險峻，加上天氣寒冷，農作不易生長，西南一帶坐擁肥沃的湖南平原和溫暖天候，孕育出豐富的農特產，自古以來就是韓國最大的糧倉，其中位於平原心臟地帶的全羅北道全州市更是得天獨厚，向來有「美食之都」的稱號，也是「拌飯」的故鄉。

◀韓國南方的石鍋拌飯，米飯為五穀飯，很有健康概念。

和台灣務農不食牛的感恩觀念相同，韓國早期的拌飯並無肉類，以當季蔬菜和山菜為主，後來生活較富裕，吃肉的機會多了，才開始加入肉類。演變至今，拌飯裏的菜色已無一定規矩，我甚至還看過加了鮭魚卵的拌飯，感覺好像在吃花壽司。

✻ 小餐館到西餐廳都有供應

拌飯大概是韓國人最常吃的家常料理，家裏的飯菜加一點辣椒醬、麻油，不需要什麼太厲害的烹飪技巧，隨意拌一拌就可以吃得很過癮。而遊客則可在一般街邊巷弄的小餐廳裏吃到這道料理，有些時尚的西餐廳或PUB中也有。有趣的是，不少韓國人到西餐廳用餐還是會點拌飯，而捨西式料理，可見「一日不能無拌飯」的飲食習慣。

餐廳裏販賣的拌飯分為兩種，一為石鍋拌飯、另一種為鋼碗或黃銅碗裝的全州拌飯，最大的差別在於前者的石鍋須加熱食用，以致於鍋底會產生鍋巴，後者則無，端看各人喜好。我偏好石鍋拌飯，鍋巴焦黃香脆的口感讓拌飯的美味加分。不過，道地的全州拌飯卻是沒有鍋巴的，特殊之處在於米飯用牛腳骨熬的湯汁煮成的，把美味隱藏在無形之中，讓這道看似平凡的傳統美食蘊藏著深度滋味。

▲有些地方的拌飯，菜和飯是分開的，顧客要自己加入，配菜中甚至還有醃魚。

▲中央會館的石鍋拌飯料好實在，是人氣最旺的料理。

▲家族會館附贈的配菜，滿滿一桌16碟，實在太豐富了。

經典店家推薦

＊1 中央會館 >> 中央會館的總店位在「美食之都」全州，是家知名的老店，以石鍋拌飯聞名。據說目前是第五代在經營，分店遍佈南韓各大城市，光是首爾的明洞就有兩家。招牌寫得是中文，很好認。店裏沒什麼特殊裝潢，就像一般的小吃店，菜單有圖片可以看，對於不識韓文的外國旅客來說，相當的貼心。這裏的米飯還是用牛肉湯煮的，米飯充滿湯汁的濃郁，搭配清爽的蔬菜，融合的恰到好處，不容錯過！

＊2 家族會館 >> 旅行全州時，詢問當地人哪家餐廳的拌飯最好吃，幾乎每個人都推薦家族會館。餐廳位在2樓，對外國旅客來說並不好找。全州拌飯和石鍋拌飯都有賣，店家當然最推薦的還是傳統的全州拌飯。令人吃驚的是附上的配菜和湯竟然多達16碟，甜的蓮藕、鹽的醃菜、煎餅、泡菜……，讓人一時之間不知該從哪裏下手。價位依菜色分8000、10000韓元，豐富又好吃，絕對值回票價。

DATA >>>

＊1

- 全州中央會館明洞2號店
- 搭地鐵4號線，至明洞站下車，City Bank右邊小巷進去
- 02-7732882
- 8:30～22:30

＊2

- 全州市完山區中央洞3街80號
- 全州郵局後方斜對面街角建築2F
- 063- 284-0982， 284-2884
- 11:30～21:30

地點：亞洲／韓國　　文字・攝影：陳芷萍

香氣撲鼻的韓國烤肉

▲吃完烤肉後，別忘了再來碗拌冷麵，才是最道地的吃法喔。

▲韓國烤肉滋味甜美，是韓國料理中相當受到外國遊客好評的料理之一。

提起韓國的**經典**美食，**烤肉**肯定是數一數二

大衆化的烤肉口味甜美，不論東、西方人都能接受

成為許多旅行韓國的外國遊客**最愛**的**韓國美食**

◀一大塊牛肉要怎麼吃？別擔心餐廳會有服務生用剪刀幫忙剪成小塊狀。

烤的方式最常見的是將肉片置於圓形條狀的烤盤上，另一種則是台灣較流行的銅盤烤肉，與高麗菜、豆芽、空心菜等一起烤。前者的肉片往往是連骨帶肉一大片，烤時服務生會拿剪刀剪成小塊狀，再由顧客自行翻烤。吃法也很特殊，要用西洋生菜或芝麻葉把烤肉包起來，加一點麴醬、大蒜片、洋蔥絲，更道地的吃法是連泡菜、白飯也要包入，然後一口吃下去，愛吃辣的還可以啃一段青辣椒。多重滋味在嘴裏融合，既濃郁又爽脆，很有健康概念，吃再多也不嫌油膩。

值得一提的是，日式燒肉追求的是入口即化的口感，油脂要多，有時連筋都要挑掉，而韓國烤肉講究的是肉質的風味，要吃出肉的味道，在咀嚼中品味不斷釋放出的鮮甜。

✻ 天冷所衍生出的濃郁料理

烤肉是中國北方遊牧民族的傳統吃法，天氣寒冷、居所不定，隨處生個火，取暖兼煮食，加上肉類又能補充體力，實乃最佳料理。受到儒家和佛教的影響，韓國人多半儉樸刻苦，飲食上很少大魚大肉，因此即使在現代，烤肉在韓國料理中仍屬較奢侈的食物，以牛、豬為主，牛肉較昂貴，常見的種類有牛小排、牛里脊、五花豬肉等，多半會先用醬汁醃過，此步驟是決定好吃與否最重要的關鍵。

▲景福宮是韓國的故宮，四季景色伴隨古宮建築，襯托的更有氣質。

▲專賣烤肉的餐廳通常是一整面火炕地板，顧客要脫鞋才能上坐。

子裏，避免產生油煙。

另有一種比較平價的烤肉店，類似台灣的小吃店，只有幾張簡便的木桌和塑膠椅，因為價位較上述便宜一半以上，深受市井小民青睞。韓國友人就曾經帶我去一家露天的烤肉店，它的桌子還是用塑膠桶當底，上面放上一個足以當桌面的鐵板，中間挖空放置爐火，再放上郊遊用的烤肉架。所有烤肉的程序都得自己動手，不像餐廳裏有服務生幫忙，這樣反倒很自由、不拘束，幾杯燒酒下肚，聊起天來嗓門大一點也無所謂。

＊脫鞋坐在坑上吃烤肉

烤肉餐廳在韓國各個城市隨處可見，有趣的是，店名多半叫某某花園（Garden），「在花園裏吃烤肉」，聽起來頗有歐式作風，不過，這只是店名，實際上並沒有真的花園。進烤肉餐廳第一件事得要脫鞋，因為要爬到像通舖般的火坑上席地而坐，在寒冷的冬天裏，坐在熱呼呼的火坑上吃著熱騰騰的烤肉，真是溫暖極了。炕上放著一張張的矮桌子，中間一個烤盤，大伙圍著桌子盤腿而坐，很有圍爐團圓的熱鬧氣氛。

台灣的烤肉餐廳幾乎每張桌子上方都會有排煙設備，但韓國卻看不到這樣的景象，儘管如此，也不見煙霧瀰漫，巧妙就在烤盤的設計是無煙燒烤，油會自動流入底下的鐵盒

▲小吃店型式的烤肉店，桌子造型很特殊，很庶民的味道。

＊百嚐不膩的滿足感

每次去韓國，記憶中的美好滋味總是會拉著我一再光顧烤肉店。高級、平價的都吃過，也曾特地坐車到距離首爾近郊以烤肉聞

名的抱川二東、水原等地品嘗，說也奇怪，不論刻意還是隨意，卻從來沒吃到過難吃的，可能是這項料理對韓國人來說極為平常，要出錯的機率很小。

在韓國吃烤肉總是令人很滿足，因為附贈的泡菜和配菜多到擺滿整張桌子，泡菜最少也有3種，幾樣蔬菜做成的小菜、冷湯，加上2～3種生菜、大蒜、麴醬、洋蔥絲、蔥段、青椒，而且泡菜、生菜等都還是無限量供應，不像在台灣得一樣一樣點，往往一餐吃下來所費不資。

韓國烤肉以一人份多少錢計價，通常幾個人就會點幾份，或分點不同種類的肉。即使只點一人份，該附的小菜一樣也不會少。

▲仁寺洞小巷子裏隱藏著許多古意盎然的傳統茶店。

經典店家推薦

※1 朴大人家 박대감네 >> 清潭洞相當知名的餐廳，韓星如師奶殺手裴勇俊、車仁表、張東健、宋慧喬、崔智友等都是常客，裴勇俊更是自稱愛上這裏的烤牛肉，有時候一星期要來上三次呢。店裏最佳的裝潢就是牆壁上一幅幅曾經光顧的明星簽名照。最有名的料理為烤肉、豆醬鍋、拌冷麵。雖然明星常來吃，價位卻很平易近人。烤牛肉視等級一份約15000～22000韓元，拌冷麵5000韓元。韓國人習慣在吃完烤肉後，再來一碗拌冷麵。

※2 二東排骨 옛날이동갈비원 >> 位於首爾近郊京畿道的抱川，以排骨、馬格利酒、溫泉聞名全韓，不少韓國人假日會專程開一個多小時的車，來到抱川泡湯，順道品嚐著名的二東排骨。此地的排骨選用的是上等的牛脊帶骨肉，切成長條薄片狀，在尾部保留一根骨頭，以証明是排骨。肉事先用鹽、香油、芝麻等調味料醃過，而不用醬油，如此才能品嚐出排骨自然的甜味。價錢不便宜，一人份22000韓元，折合台幣約660元。不過，鮮嫩甜美的滋味令人回味再三，值得這個價錢。另外，老闆人很客氣，看到我一個外國人特地來吃，用餐完畢後還免費開車載我回車站。

DATA >>>

※1

- 漢城市江南區清潭洞124-3
- 搭乘地鐵7號線在清潭站下車，步行約10分鐘。
- 02-5457708，02-5469051
- 24小時

日本壽司
海陸生熟兩極美味大碰撞

▲吃壽司最好坐在吧台前，可欣賞師父的手藝。

雖然**日本料理**不是只有壽司
但相信許多人跟我一樣
提到「日本料理」腦中就自然
蹦出「**壽司**」、「**生魚片**」這些字眼
儘管我們生命中首先吃進胃裡的日本菜
很可能是炸蝦、天婦羅、黑輪之類的熟食

＊ 壽司與鱠、鮨、鮓

日本壽司店名常見的「鮨」和「鮓」字，由於現代中文極少使用，反倒容易被誤以為是日文特有的漢字，其實「鮨」發音同「奇」，意思是魚醬，《爾雅》釋器篇的解釋是「肉謂之羹，魚謂之鮨」。「鮓」發音同「眨」，是指用指鹽、椒等醃製成的魚類食品，也引申泛指醃製品。

由此就能理解，壽司的由來跟醃製魚類有密切的關係。據說用鹽醃製魚類是起源於東南亞民族保存食物的方法，傳到中國並且普遍化。後來發展出用米飯和鹽一起醃製魚的飲食方法，在唐朝傳到日本，並漸漸普及。

以自然發酵的方式製作的熟壽司，要等到完全發酵才吃。後來發展出「半熟壽司」、「早壽司」，也就是發酵時間漸漸縮短，便食用壽司。

◀現場捏製的各種不同壽司。

江戶時代中期，想吃壽司還得等上5、6天，又想出用熱飯代替冷飯，只要等一個晚上就能吃的「一夜壽司」，可見想吃壽司的心情有多急切。

＊散押卷握，繽紛壽司

壽司的樣式隨著時代進化，型態也顯得多采多姿。關西地區常見的押壽司(osushi)，也許可說最接近壽司雛型—將米飯和生魚一起醃製保存的型態—通常是一整條魚放在醋飯上，或將醋飯放置在剖開的魚裡，再用昆布包住，然後放進盒狀模型(因此稱為「箱壽司」)，壓緊放置幾小時，等味道融合，便能食用。

德川家康將政治中心從大阪遷至江戶後，由於民生繁榮，人們願意把錢花在「吃」上頭，不僅壽司使用的材料更多樣化，壽司的型態也發展出更多變化。便於攜帶、適合商旅途中進食的卷壽司、用油豆腐皮包住米飯的稻荷壽司，就是在江戶時期成為大眾化的食物。手卷據說是江戶時代流連賭場的賭徒為了方便，想出用海苔把料跟飯包起來，吃的時候不會弄髒手，還能多賭幾把。

至於蔚為主流的握壽司，一般認為是1823年由江戶城兩國地區「與兵衛壽司」的華屋與兵衛創作。而江戶時代的壽司店為了強調食材新鮮、來自江戶前海域(現在的東京灣海域)，所以特意在壽司二字再加上「江戶前」幾個字，由於每家壽司店都說「江戶前」，大家也就習慣這麼稱呼。「江戶前(握)壽司」盛行至今，不但成為關東壽司的傳統、王道，更登上日本料理代表食物的冠軍寶座。

▲春天的櫻花季是日本的旅遊旺季。

＊去東京吃壽司

說到吃壽司，我彷彿也是從孩童吃媽媽做的卷壽司，到長大進階去日本料理店吃握壽司。我很喜歡場內的「大和壽司」，除了壽司美味之外，老老闆入野信一先生實在和藹可親，雖然語言不通，但是他的親切態度就是讓人有回家吃飯的感覺。而且跟客人招呼的同時，手也沒停地捏製壽司，犀利的目光同時注意哪位客人壽司吃完了，趕快送來下一道——就是這麼厲害的好功夫和好身手，讓他成了築地市場的名人。

我第一次去築地市場時，原本就沒打算吃壽司，只是看到排隊盛況忍不住加入。沒想到排了半小時也沒啥進展，就在我慎重考慮要離開的時候，聽到有人說台語，仔細一看是一對老夫婦和他們的女兒。因為實在好奇，我也用台語跟他們聊了一下，才知道老夫婦是旅居美國的華僑，他們二十幾年前吃過大和壽司，念念不忘這裡的美味，趁著回台探親之便，先在東京停留，首要目的就是來品嘗大和壽司。

當聽到老爺爺用懷念和讚嘆的口氣說「大和壽司真的很好吃」，看到老太太點頭同意的微笑，我真是對這家壽司店肅然起敬。隔天我遵照老爺爺的提點，提早到大和壽司，並且到老老闆那邊的店面，享受道地《將太的壽司》——醋飯和魚料入口咀嚼融合的加乘美味，周圍此起彼落、發自內心的「好好吃喔」，老老闆催我別拍照、趕快來吃……，都讓我確實體會到吃壽司的幸福。

DATA >>>

- 東京都中央區築地5-2-1
- 03-3547-6807
- 5：30～13：30（假日、休市日不開）
- 特上壽司￥3150，單點￥500起

地點：亞洲／日本　文字・攝影：張岑如

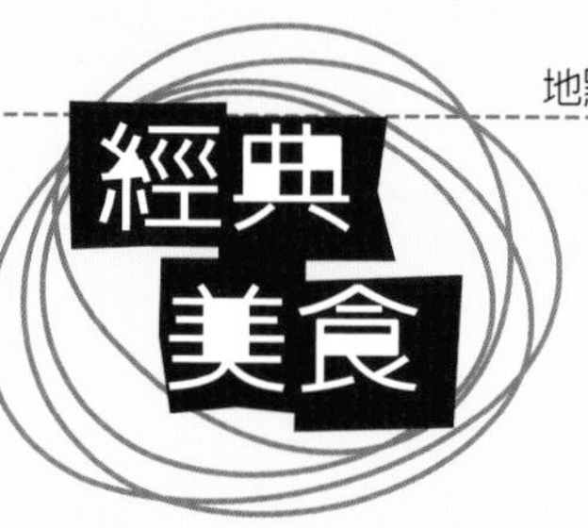

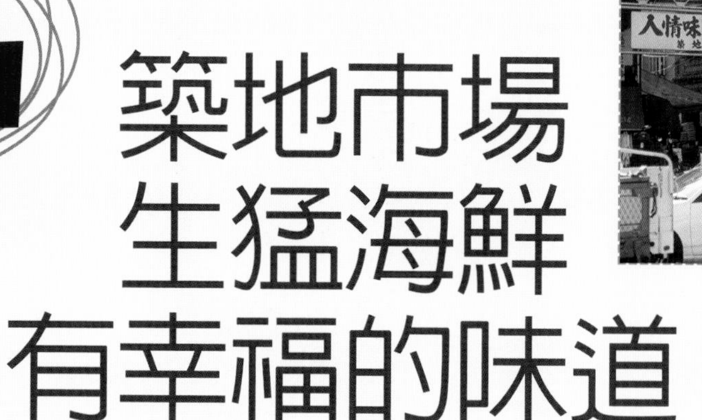

築地市場 生猛海鮮 有幸福的味道

對於像我這樣必定要看日本節目「**料理東西軍**」的**愛吃一族**來說
提起「**築地市場**」四個字，眼前就浮現**各類食材**以及讓人流口水的料理畫面
於是，對我來說，「去築地市場」的意義
等同於回教徒一輩子至少要去聖地麥加一次那麼重大

＊從漫畫與電視中開始認識築地市場

起初注意到築地市場，是多年前看Discovery頻道某個節目提到「築地市場是全世界最大的魚市場」——這句話雖挑起我的好奇心，卻還不足以讓我產生「要去築地市場看看」的念頭。後來我不小心看起漫畫《將太的壽司》，感動之餘也從中一再見識到築地市場之於東京壽司店的重要性，也讓我更加嚮往。

進入21世紀後的某年某月某一天，終於存夠錢去東京了；築地，當然是抵達東京翌日前往的第一站。不過，在造訪築地市場之前，先來做點功課、認識一下築地市場吧。

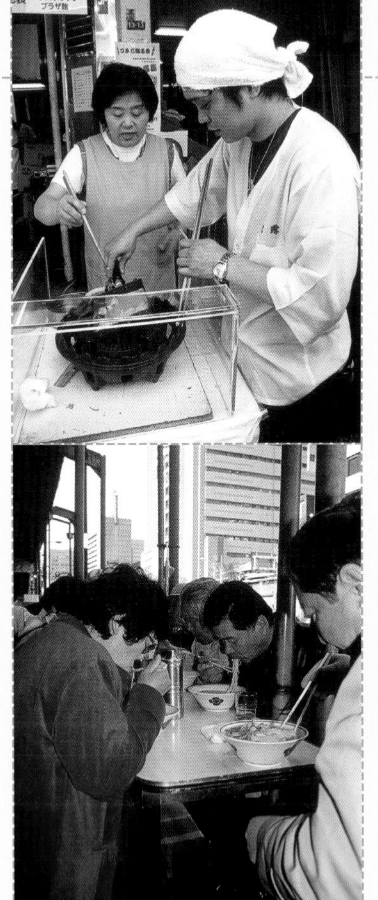

時間回溯到16世紀江戶時期，德川幕府第一代將軍德川家康為了供給江戶城飲食需要，下令在日本橋設置「魚河岸」、意即河邊的魚市場，而隨著江戶城的人口增加，對食物的需求量也愈來愈多，日本橋魚河岸的規模當然隨之擴大，成為「江戶的廚房」。大正12年(西元1923)3月通過「中央批發市場法」，並在魚河岸成立了中央批發市場，可說是現在築地市場的前身。

✻ 活力十足的築地

歷經關東大地震的破壞之後，昭和10年(1935)，占地22萬平方公尺、參考當時歐美市場設計的中央批發市場落成啟用，經歷了二次世界大戰、日本戰後的經濟蕭條與起飛，直到現在。4百多年來，從日本橋魚河岸到築地，從「江戶廚房」到「東京廚房」，這個正式名稱叫做「東京都中央批發市場築地市場」的地點不只是和1,260多萬東京人肚子息息相關的市場，更是聞名全球的市場。

來到築地，你會發現這裡充滿活力，而這股活力來源，主要來自於穿梭市場趴趴走的各種交通工具——從日本各地把食材載運到東京的大卡車，堆滿東西的台車、推車，許多人甚至把腳踏車後面的載物架加寬加大……，其中最酷的就是一種稱做ターレット(turret)的電動三輪車。站在ターレット上的駕駛人，一面操作方向盤、車子轟轟跑著，一面還叫旁人注意安全閃邊點，展現一種縱橫江湖的好氣魄。因為有這麼多滿場跑的交通工具，場內市場交通繁忙的時候，還可以看到警察叔叔出面指揮——頭一次見識這種景象的我，不禁對築地市場更加肅然起敬。

✻ 從排隊人潮就可判斷出餐廳美味程度

讓人食指大動的築地美食，首推壽司、生魚片……等生食，無論場內市場、場外市

▲這種電動三輪台車是築地市場內常見的運輸工具。

場，都能看到有人排隊等著入座的餐廳。由於築地的魚貝蝦蟹絕對新鮮，而且商家就近進貨的價格(理論上)也比較便宜，所以不用參考美食指南，光看排隊狀況也知道這家店值不值得嚐試。

不敢吃生食的人也有其他選擇，只要不是壽司店，以和食為主的店家在生魚片之外，一定會提供紅燒或烤或煮的料理。而且，更別以為這裡只有日式料理，其實築地市場雖小，菜色卻是應有盡有——賣牛丼的吉野家一號店就在場內市場，其他專門店包括天婦羅、章魚燒、拉麵、咖哩、洋食、義大利麵跟披薩，甚至還有韓國料理店呢！

場外市場的餐廳、食堂不難找，新大橋通跟晴海通兩條大馬路邊就有很多家；場內市場則以1號館、6號館、8號館為主。由於原本主力客層是市場相關工作人員，基本訴求是好吃不貴、上菜不能慢；至於用餐環境就別要求太多，店的面積都不大，座位不免狹窄，不過服務都很親切。

從地鐵築地市場站出來往回走，可以看到一個加油站，彎進這條巷子沿路就有不少場外市場的店家，賣玉子燒、醬菜、鹹鮭魚、海苔，還有餐廳跟招牌旗幟專賣店呢。往裡走到海幸橋頭，是一般旅遊書建議通往場內市場的出入口（主要是因為這兒的車子比較少，對觀光客而言比較安全），我最喜歡這附近一家柴魚專賣店，每次總是站在店門口看著各式各樣的柴魚片，然後用力深呼吸柴魚的香氣，對我這個愛吃鬼來說，這些食物的香味，才是真正幸福的味道呀。

DATA >>>

http www.tsukiji-market.or.jp/ 築地市場官方網站（日／英）
www.tsukiji.or.jp/ 介紹場外市場的築地魚河岸（日）

➡ Metro日比谷線→「築地」站1號出口
都營大江戶線→「築地市場」站A1出口

▲東京市內僅存的一小段「都電荒川線」路面電車。

◀東京銀座的「步行者天堂」每個星期六下午會封街供行人專用。

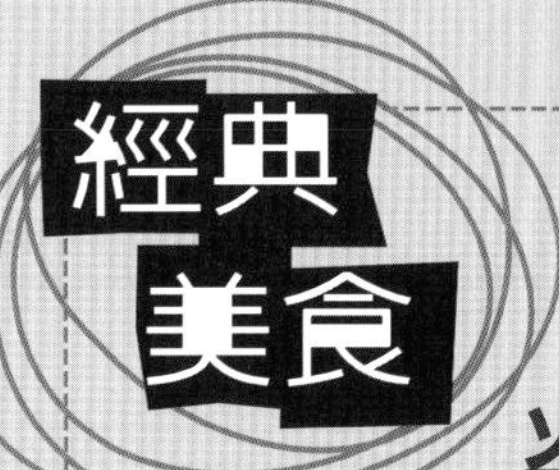

營養滿點的日本鰻魚飯

▲色香味俱全的哇卡那鰻魚販。

鰻魚飯在日本被視為高級料理
價格不菲，卻也是很受日本人歡迎
不僅是因為鰻魚的美味
豐富的營養
也是讓愛好者讚賞的原因之一

＊關東關西各自成一格

鰻魚飯在日本被視為高級料理，價格不菲，做法上也分為關東與關西兩種流派，就連名字也不一樣。關東的鰻魚飯稱為うな丼(Unadon)，以名古屋為代表的關西鰻魚飯則稱為ひつまぶし(Hisumabusi)。

做法上，在宰殺鰻魚方面，關東風是從背部開始殺，關西風則是從腹部宰殺。這是因為日本關東屬於武士的文化，忌諱切腹的動作，關西則沒有這種忌諱。其次在燒烤方面，關東地區是先蒸再烤，肉質較軟；在關西則是在宰殺後，直接以備長炭烤熟，因此肉質比較酥脆結實，而且味道較為濃郁。上菜時，ひつまぶし鰻魚是切成小塊狀，而不是關東的一整片。吃的時候，名古屋的鰻魚飯第一次是吃原味，第二次可以依自己意思加上蔥與芥茉，第三次則是加入高湯變成茶

▶名古屋城在四季裡各有不同的氣氛，是當地最著名的景點之一。

泡飯(茶漬け)。一種鰻魚飯有三種吃法，也是ひつまぶし最特殊的地方。

✻星鰻的美味 不可錯過

除了關東與關西風的鰻魚飯流派之別外，日本還有一種體積較小的鰻魚，稱為星鰻，日文漢字寫作「穴子」(あなご，Anago)。一般野生的星鰻，生長在大河、瀉湖等淡海水交接的地形，產卵則是在400到500公尺的海底。星鰻最佳品嚐季節是在6、7月時，因為4到6月之間，海底的小魚小蝦數量比較多，掠食性的星鰻因為可以吃到許多蝦子，因此口味最佳。

廣島縣面臨瀨戶內海，這裡的潮間帶上，因為有許多小蟲和小魚產卵，因此提供星鰻良好的生產環境，其中又以宮島本地製作的穴子飯最為著名。以燒烤形式製作的星鰻，成品比起一般鰻魚的體積要來得小，但是口感較Q，較結實，因此許多日本人喜歡星鰻的口味，勝過一般鰻魚。

▲蓬萊軒的鰻魚販是以定食套餐的方式來提供。

經典店家推薦

＊1 あつた蓬莱軒 松坂屋店(蓬萊軒松坂屋店，Asuta Horaiken) >> 創業於日本明治6年(西元1873年)的蓬萊軒，是名古屋歷史超過百年的老店，外觀是一座日式房舍與庭院，供應高級的鰻魚料理。此外在鬧區的榮，則在松坂屋百貨的10樓有一家分店。

名古屋的鰻魚飯稱為ひつまぶし(Hisumabusi)，130年歷史的蓬萊軒據說就是這種鰻魚飯的創始店。蓬萊軒所用的鰻魚是產自愛知縣三河灣的養殖鰻，宰殺後直接以備長炭烤熟，和關東地區先蒸再烤的方式比較起來，肉質比較酥脆結實，而且味道濃郁。

＊2 割烹蒲燒わかな(Wakana) >> 明治5年（西元1872年）創業的烤鰻魚專門店わかな，目前由家族第六代在經營，是橫濱歷史最悠久的餐廳之一。根據わかな的小老闆—橋本隆表示，這裡的烤鰻魚雖然經過100年的時間，但是最初創業時的口味都沒有改變。

鰻魚根據不同季節，採用日本燒津等地所產的上等鰻魚，米則是採用新瀉魚沼等地所產的良質米。這裡的製作特點是，所有的烤鰻魚都是現點現作，而且先蒸再烤，因為這樣才能保持鰻魚的最佳口感。此外以鰻魚肝做成的湯（日文肝吸），味道鮮美也很值得推薦。

＊3 他人吉(Tanikichi) >> 他人吉位於廣島市宮島口上野商店的二樓，屬於同一家公司，其中上野商店是宮島地區販賣穴子弁當（烤星鰻便當）最出名的老店，已經是日本人到宮島不可不吃的當地料理。這家餐廳創始人上野他人吉，早年因為幫助興建宮島車站，又在車站附近開了一家茶館，後來享有在車站販賣便當的優先權。當時他人吉的太太頗精於廚藝，她將當地盛產的星鰻，烘烤之後作成便當，沒想到馬上大受歡迎，於是將製作方法相傳下來，目前的經營人上野純一已經是家族的第四代。

DATA >>>

＊1
- 名古屋市中區榮3丁目16番1號松坂屋南館10F
- 052-2643825
- 11:00～21:00
- 休 新年假期
- $ ひつまぶし2145日圓，うな丼(鰻魚蓋飯)1575日圓

＊2
- 橫濱市中區港町5-20
- 045-6811404
- 11:00～21:00
- 休 週三
- $ うな丼(鰻魚飯)2200日圓、上蒲燒4000日圓、上鰻重3600日圓、吸物350日圓

＊3
- 廣島縣佐伯郡大野町宮島口1-5-11
- 0829-560006
- 11:00～14:00；17:00～21:00
- 休 週三，每月第二、三個週二
- $ あなごつくしコース(星鰻套餐)3500日圓、ミニ石(迷你懷石料理)3675日圓、穴子の白焼き(乾燒星鰻)945日圓、穴子弁當1470日圓

地點：亞洲／日本　文字・攝影：陳玉治

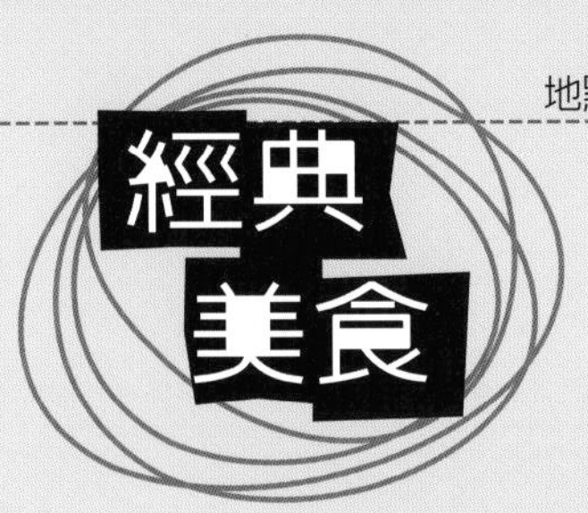

大口吸才過癮的日本拉麵

來到日本

若是不去嚐上一碗在地口味的**拉麵**

總覺得彷彿少了些什麼

這種口味多樣的日式**平民美食**

可是**擄獲**不少

台灣遊客的心呢！

＊源自中華料理的日式拉麵

隨著近年興起的哈日風，加上日語有線電視節目的推波助瀾，台灣幾年前也開始吹起了一股日式拉麵的風潮。真正說起來，拉麵其實是中國的東西，早在19世紀的清朝末年，隨著日本開放門戶，許多來自中國的移民就移居到日本的橫濱、神戶、長崎等最早開放的港口城市找尋機會，他們同時也將中國流行的麵食文化帶到了日本。早期拉麵在日本出現時，用的名字就叫中華麵(中華そば)，以便與日本傳統的蕎麥麵そば(Soba)來區分。

＊從路邊攤開始發揚光大

早期在路邊攤販賣的拉麵，逐漸被日本人接受後，拉麵的湯頭慢慢地加入醬油、柴魚、小魚乾、昆布等元素，本來直條狀的麵條，有時候也開始做成捲曲狀，於是拉麵這

◀位於札幌拉麵橫丁的源八郎是該區最熱門的拉麵店之一。

種食品開始有了日本自己的風味。目前日本拉麵的口味共分為三個大系統，分別是福岡流行的豬骨口味、東京的醬油口味與札幌的味噌口味。

由於價錢便宜，容易果腹，在冬天時又有卻除寒氣的效果，因此日式拉麵在二次大戰之後，開始大行其道，變成日本隨處可見的庶民料理。

＊各地不同風味

日本是一個南北狹長的國家，由於國土的尾端與頭端緯度相差甚大，因此也影響到拉麵在各地的口味。一般說來，因為南部的九州與琉球等地，氣候較溫暖，因此麵湯頭的口味較清淡，以鹽味為主。北部的北海道地區，氣候較寒冷，因此湯頭的鹹味較重，也較油膩，一些北海道當地盛產的食材如奶油、玉米等加入到麵湯中，是為一大特色。由於各地的拉麵口味各異其趣，因此在日本有許多拉麵的狂熱分子，就從南到北，吃遍各地的拉麵，來體會當地的風土民情。

▲一風堂白丸與紅丸拉麵

▲日本拉麵師父通常都有自己獨特的製作堅持與態度。

＊1 新橫濱拉麵博物館 >> 品嚐日式拉麵首屈一指的聖地，是位於新橫濱車站附近的新橫濱拉麵博物館，因為這裡不僅集合了日本各地的不同口味拉麵店家，還有濃厚的懷舊氣氛，是一處好吃又好玩的景點。館內選自日本各地的拉麵名店共8家，包括和歌山的井出商店、北海道札幌的紫羅蘭、旭川的蜂屋、熊本的小紫、久留米的魁龍、東京的春木屋，與口味獨特的支那麵屋與拉博廚房。在新橫濱拉麵博物館吃拉麵，首先必須先在店門口排隊，用投幣式販賣機購買「食券」。這裡點菜有一個秘訣，就是當你不確定這家的口味好不好吃時，可以點迷你拉麵，這種拉麵的份量只有正常份量的一半，價錢只有6折左右，是嚐鮮的好方法。不過要注意的是，新橫濱拉麵博物館參觀與用餐的人潮擁擠，因此最好避免在例假日的用餐時間前來。

＊2 北海道拉麵橫丁(ラーメン横丁) >> 說起在北海道吃拉麵的地方，最有名的首推札幌的「拉麵橫丁」。這條位在兩座大樓之間的短短巷子，裡面就擠滿了16家各式各樣的拉麵店，競爭之激烈蔚為奇觀。許多日本國內外的遊客，來到札幌時，也都不忘來這裡朝聖一番。

＊3 一風堂長堀店(Ippudo) >> 西元1985年開業的博多一風堂，原來是位於福岡的一家拉麵店，近年來因為店主河原成美在日本的電視冠軍秀節目中，三度獲得拉麵王冠軍的緣故，變成一家日本家喻戶曉的高知名度拉麵店，目前在全國共有19家分店，其中在大阪就有3家分店，而一風堂長堀店就位在心齋橋筋商店街附近。

DATA >>>

＊1
- ✉ 橫濱市港北區新橫濱2-14-21
- ☎ 045-4710503
- ⏲ 平日11:00～23:00；週末與例假日10:30～23:00
- 休 新年假期
- $ 門票300日圓，每家店的拉麵價格略有不同
- ➡ 搭乘JR到新橫濱站下車
- http www.raumen.co.jp

＊2
- ✉ 札幌市中央屈南5條西3丁目
- ☎ 011-5182286
- ⏲ 各家店營業時間不同
- 休 新年假期
- ➡ 搭乘地下鐵南北線到「すすきの」站下車

＊3
- ✉ 大阪市中央區南船場3-11-28
- ☎ 06-47047101
- ⏲ 11:00～4:00
- 休 新年假期
- $ 白丸全部入り(白湯加入全部配料)1050日圓、赤丸肉入り(紅湯加入叉燒肉)850日圓
- http www.ippudo.com

地點：亞洲／日本　　文字・攝影：陳玉治

風味多樣的日本隨你所好燒

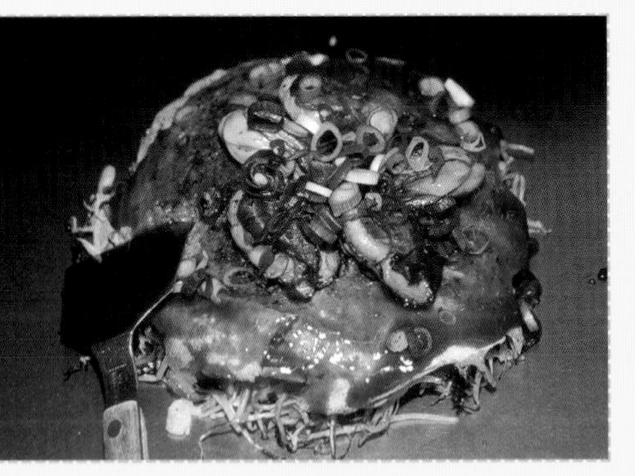
▶新ちゃん隨你所好燒是廣島市內的老字號廣島燒專賣店。

喜歡**日本美食**的朋友
一定聽過**廣島燒、大阪燒**這類庶民美食
雖然說，在台灣也能嚐的到
可畢竟還是**發源地**的口味**最道地**

✲ 可隨個人喜好的自由選擇

隨你所好燒（お好み燒，Okonomiyaki）是日本大街小巷時常看得到的庶民料理，這種料理由於只有「好」與「燒」兩個漢字，因此在中文翻譯上莫衷一是，有人翻譯成什錦燒，有些人則翻成好味燒，不過以日文字面上的意思來說，隨你所好燒是最貼切的翻譯法。

既然是隨你所好燒，就表示加入的原料可以隨食客的喜好而增減，這種在鐵板上完成的料理，共分有廣島燒與大阪燒兩個門派。其中廣島燒是將不同的食材一層一層的加上去，因此成品高度較高而且口味層層分明。大阪燒則是事先將麵粉、雞蛋、薯粉、蔬菜等，先混合調好之後，再放到鐵板上煎烤，成品較鬆軟，厚度也較薄。至於哪一種做法較好吃，可以說是各有擁護者。お好み燒的售價一般都不貴，只要不是加上牡蠣等特殊材料，通常每人份都在1000日圓以下。

✲ 源起於廣島的鐵板煎餅

在日本，隨你所好燒(Okonomiyaki)，是大

▲即將完成的廣島燒香氣十足，讓人忍不住想快點食用。

街小巷都看得到的庶民美食，其中廣島因為是這種料理的發源地，因此又被說成廣島燒。所謂的廣島燒，是以鐵板燒的方式，先用麵糊煎成麵皮，然後隨心所欲地加入高麗菜絲、豆芽菜、香菇、碎肉、蝦仁、花枝等，再擺上麵條或烏龍麵和雞蛋翻面煎熟即可。廣島燒的成品外觀有點像義大利的披薩餅，但是卻餅中有麵、麵中有餅，多種食材的搭配雖然怪異，但是吃起來的口感，倒是相當不錯呢！尤其廣島燒的商家一般會在顧客之前，用燒熟的鐵板將這種圓餅煎成。特別是對外國遊客來說，一些天南地北的食材，在頃刻間炒成一盤美味的煎餅，還真是一項奇特的表演。

✻ 用小鐵鏟品嚐的關西風味

關西風的隨你所好燒，也就是俗稱的大阪燒，大阪燒與廣島燒最大的不同，廣島燒是將原料一層一層的疊起來，而大阪燒則是將原料翻打調勻，再放到鐵板上煎熟。 来たろう的餐桌上都有鐵板，餐廳的廚師在把隨你所好燒煎好之後，會放到餐桌的鐵板上保溫，由顧客用小鐵鏟切來吃，經驗很特別。

經典店家推薦

✻1 お好み村 (隨你所好燒之村，Okonomi-Mura)新ちゃん >> 目前估計在廣島市內，有2千多家經營廣島燒的店家，不過最特別的，是位於中區一座7層大樓（新天地 プラザ ）裡的隨你所好燒之村，這裡聚集有26家各具特色的廣島燒店家，價錢自650日圓到1100日圓，可說是集各方廣島燒大成的地方。

✻2 道頓堀極樂商店街 来たろう (Kitaro) >>

来たろう 是位於道頓堀極樂商店街內的一家隨你所好燒餐廳，位置在6樓的萬福町。這家餐廳的原始本店是在西宮市，後來因為神戶大地震震垮，災後重建後生意更好。店裡提供的是關西風的隨你所好燒，也就是俗稱的大阪燒。

DATA >>>

✻1
- ✉ 廣島市中區新天地5-13新天地 プラザ 2～4F
- ☎ 082-2412210 ⏲ 11:00～24:00
- 休 無 http www.okonomimura.jp
- $ 肉玉子入り(加入肉、蛋)630日圓、肉・玉子 そば またはうどん入り (加入肉、蛋與麵條或烏龍麵)735日圓 、 かき・そば入り (加入牡蠣與麵條)1260日圓 、 スペシャル (Special)945日圓 、 新ちゃんスペシャル (新ちゃん Special) 1260日圓

✻2
- ✉ 大阪市中央區道頓堀1-8-22
- ☎ 06-62122003 ⏲ 11:00～23:00
- 休 新年假期 http www.doutonbori-gokuraku.com
- $ お好み焼三品880日圓、ねぎ焼 きすじ (蔥大阪燒)780日圓、生啤酒505日圓

特色餐廳

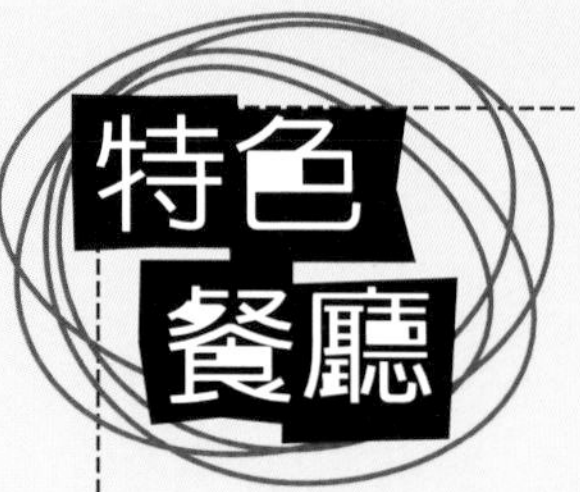

在大阪自己動手做章魚燒

在台灣夜市中常見的章魚燒，其實源自於日本大阪
外酥內柔軟的口感不僅風靡全日本
也漂洋過海到台灣，可是，你有自己動手製作過嗎？

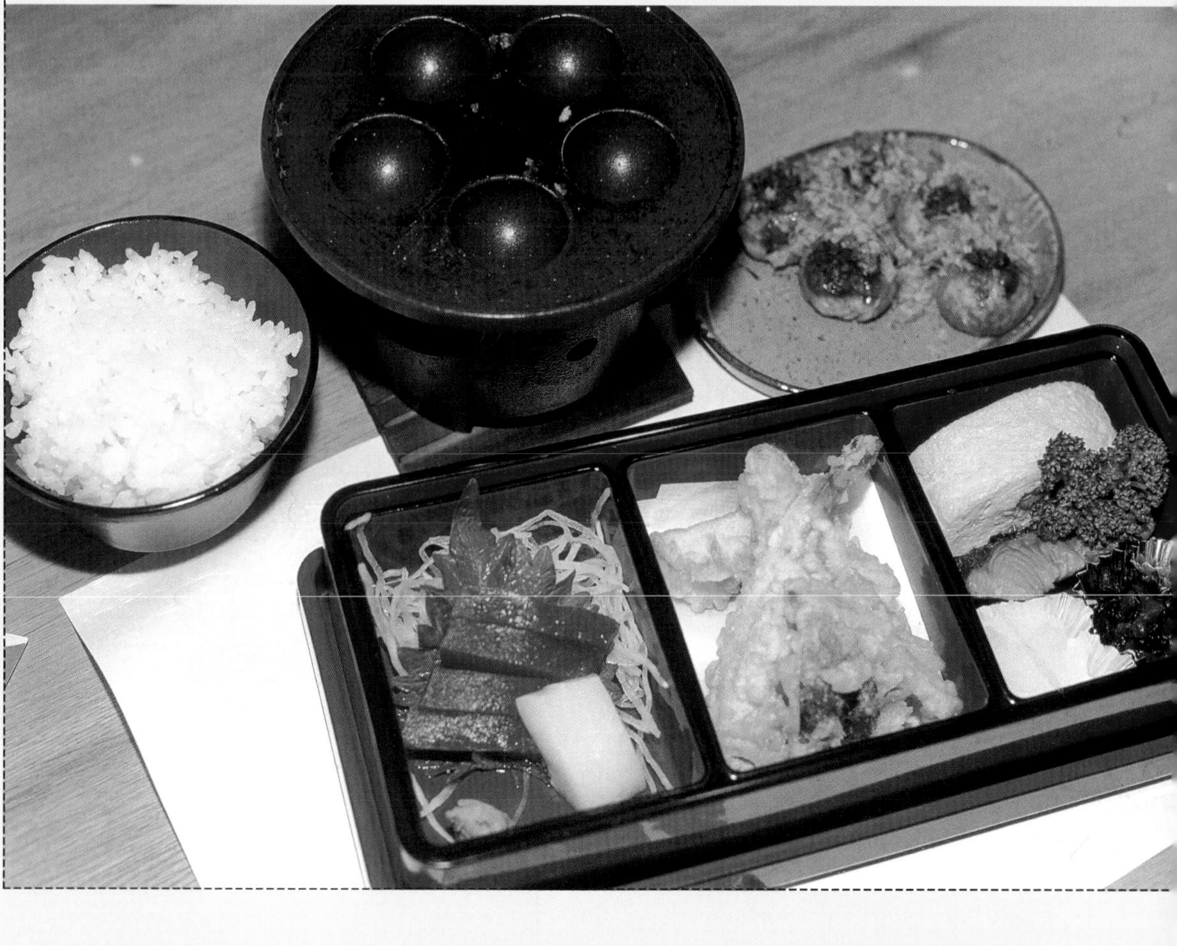

◀ 來到日本第二大城－大阪，當然免不了到處逛街、品嘗各種關西美食。

✻ 大阪最受歡迎的平民點心

發源自大阪的章魚燒丸子(たこ燒，Takoyaki)，目前在台北街頭也吃得到。這種以麵糊與章魚為原料的小點心，在大阪口味有許多變化，除了基本的麵糊與章魚塊之外，有些店家還加入生薑、天麩羅屑、牛奶、雞蛋、海帶、鰹魚片等材料。章魚燒在大阪由於競爭激烈，一般賣得很便宜，外帶有時候可以用500日圓買到13個。

✻ 可自己動手製作章魚燒的餐廳

錦秀(Kinshu)是大阪城公園裡的的一家日本料理餐廳，開業於1954年，算是頗具歷史的老店，目前除了2樓作為餐廳之外，1樓則賣一些土產品，由於位在大阪的知名景點大阪城的正對面，因此頗有地利之便。除了一般的日本料理之外，錦秀這家餐廳最特別的一點，是有章魚燒的體驗做法，也就是讓客人在自己餐桌上，用製作章魚燒的五孔鐵盤燒熱，自己做來吃。

✻ 名人認證的章魚燒證書

其實章魚燒的作法並不難，首先是點燃酒精燃料，接著在鐵盤的洞裡塗油，然後加入麵糊、章魚塊、生薑煮熟後翻面，熱成圓形拿出，再塗上醬料與柴魚片則可。整個製作章魚燒所需要的時間大約30分鐘，費用735日圓，有趣的是，這家餐廳在客人自己做完章魚燒之後，還會頒給客人一張章魚燒名人的認定書。想自己做章魚燒，又想吃得飽的遊客，也可以點章魚會席套餐，這種套餐裡除了章魚燒之外，還有生魚片、天麩羅、湯與白飯等。

DATA >>>

✉ 大阪市中央區大阪城1番1號
☎ 06-69411504
🕘 9:00-17:00
休 新年假期
$ たこ 會席(章魚燒會席套餐)2100日圓、大阪城名物太閤うどん定食(烏龍麵套餐)1575日圓

旅行世界 非嚐不可的道地美食！

編　　者　太雅旅行作家俱樂部

總 編 輯　張芳玲
書系主編　劉育孜
特約編輯　莊馨云
美術設計　林惠群

太雅生活館 編輯部
TEL：(02)2880-7556 FAX：(02)2882-1026
E-MAIL：taiya@morningstar.com.tw
郵政信箱：台北市郵政53-1291號信箱
網頁：www.morningstar.com.tw

發 行 人　洪榮勵
發 行 所　太雅出版有限公司
111台北市劍潭路13號2樓
行政院新聞局局版台業字第五〇〇四號
分色製版　知文企業(股)公司 台中市工業區30路1號
TEL: (04)2358-1803
總 經 銷　知己圖書股份有限公司
台北分公司 台北市羅斯福路二段95號4樓之3
TEL: (02)2367-2044 FAX: (02)2363-5741
台中分公司 台中市工業區30路1號
TEL: (04)2359-5819 FAX: (04)2359-5493

郵政劃撥　15060393
戶　　名　知己圖書股份有限公司
初　　版　2005年10月10日
定　　價　320元
（本書如有破損或缺頁，請寄回本公司發行部更換）

ISBN 986-7456-58-0
Published by TAIYA Publishing Co.,Ltd.
Printed in Taiwan

國家圖書館出版品預行編目資料

旅行世界，非嚐不可的道地美食／太雅旅行作家
俱樂部編著 ——初版—— 臺北市：太雅，
2005【民94】
面：　公分. ——（世界主題之旅：24）

ISBN 986—7456—58—0（平裝）

1.飲食—文化　2.飲食（風俗）

538.7　　94017356

掌握最新的旅遊情報，請加入太雅生活館「旅行生活俱樂部」

很高興您選擇了太雅生活館(出版社)的「個人旅行」書系，陪伴您一起快樂旅行。只要將以下資料填妥後回覆，您就是太雅生活館「旅行生活俱樂部」的會員。

24

這次購買的書名是：世界主題之旅／**旅行世界，非嚐不可的道地美食**

1.姓名：＿＿＿＿＿＿＿＿ 性別：□男 □女

2.出生：民國＿＿＿年＿＿＿月＿＿＿日

3.您的電話：＿＿＿＿＿＿ 地址：郵遞區號□□□＿＿＿＿＿＿＿＿

E-mail：＿＿＿＿＿＿＿＿

4.您的職業類別是：□製造業 □家庭主婦 □金融業 □傳播業 □商業 □自由業 □服務業 □教師 □軍人 □公務員 □學生 □其他＿＿＿＿

5.每個月的收入：□18,000以下 □18,000~22,000 □22,000~26,000 □26,000~30,000 □30,000~40,000 □40,000~60,000 □60,000以上

6.您從哪類的管道知道這本書的出版？□＿＿＿報紙的報導 □＿＿＿報紙的出版廣告 □＿＿＿雜誌 □＿＿＿廣播節目 □＿＿＿網站 □書展 □逛書店時無意中看到的 □朋友介紹 □太雅生活館的其他出版品上

7.讓您決定購買這本書的最主要理由是？ □封面看起來很有質感 □內容清楚資料實用 □題材剛好適合 □價格可以接受 □其他＿＿＿＿

8.您會建議本書哪個部份，一定要再改進才可以更好？為什麼？

9.您是否已經帶著本書一起出國旅行？使用這本書的心得是？有哪些建議？

10.您平常最常看什麼類型的書？□檢索導覽式的旅遊工具書 □心情筆記式旅行書 □食譜 □美食名店導覽 □美容時尚 □其他類型的生活資訊 □兩性關係及愛情 □其他＿＿＿＿

11.您計畫中，未來會去旅行的城市依序是？ 1.＿＿＿＿ 2.＿＿＿＿ 3.＿＿＿＿ 4.＿＿＿＿ 5.＿＿＿＿

12.您平常隔多久會去逛書店？□每星期 □每個月 □不定期隨興去

13.您固定會去哪類型的地方買書？□連鎖書店 □傳統書店 □便利超商 □其他＿＿＿＿

14.哪些類別、哪些形式、哪些主題的書是您一直有需要，但是一直都找不到的？

填表日期：＿＿＿年＿＿＿月＿＿＿日

廣 告 回 信
台灣北區郵政管理局登記證
北 台 字 第 1 2 8 9 6 號
免 貼 郵 票

太雅生活館　編輯部收

106台北郵政53～1291號信箱
電話：(02)2880-7556
傳真：02-2882-1026
(若用傳真回覆，請先放大影印再傳真，謝謝！)

有行動力的旅行，從太雅生活館開始